D0546754

LA PASSION DE JÉSUS

Visions de Catalina Rivas

Rassemblement à Son Image
14 ruc des écoliers
22200 Plouisy

© Pour l'édition, avril 2018,
tous droits de reproduction, de traduction
et d'adaptation réservés.

Rassemblement à Son Image, éditions
14 rue des écoliers
22200 Plouisy

Vous pouvez commander ce livre dans votre librairie
habituelle
ou directement au tél : 05 65 78 01 95
www.asonimage.fr
Mail : rassemblementasonimage@gmail.com

ISBN : 978-2-36463-565-4

INTRODUCTION

Cet ouvrage est constitué de confidences de Jésus à Catalina Rivas sur le Mystère de sa Passion et sa valeur de Rédemption. Ces révélations se sont produites en 1997 à Cochabamba, en Bolivie.

Ce livre, qui a reçu l'Imprimatur (approbation de l'Eglise), révèle ce qui suit :

Nous avons lu les livres de Catalina et nous sommes sûrs que son unique objectif est de nous conduire sur le chemin d'une spiritualité authentique, dont la source est l'Evangile du Christ. Il nous faut souligner aussi la place spéciale qui revient dans ces écrits à la Très Sainte Vierge Marie, modèle d'amour et de service de Jésus-Christ, et à qui nous devons donner, nous qui sommes ses enfants, notre pleine confiance et notre amour.

Renouvelant l'amour et le dévouement à la Sainte Eglise Catholique, ils nous éclairent sur les engagements que devrait mener tout vrai chrétien.

C'est pourquoi j'autorise son impression et sa diffusion, en les recommandant comme textes de méditation et d'orientation spirituelle dans le but d'obtenir beaucoup de fruits pour le Seigneur qui nous appelle à sauver les âmes, en leur montrant qu'il est un Dieu vivant plein d'amour et de miséricorde.

Monseigneur René Fernandez Apaza,
Archevêque de Cochabamba,
2 avril 1998

Cette publication se compose de trois parties :
- 1° partie : préparation ;
- 2° partie : la trahison par Judas ;
- 3°partie : le chemin du calvaire.

1° PARTIE :

LA PRÉPARATION

JÉSUS À CATALINA

Ma petite fille, laisse-toi étreindre par Moi, avec le plus ardent désir que toutes les âmes viennent se purifier dans l'eau de la pénitence… Qu'elles se remplissent de confiance et non de crainte, parce que je Suis le Dieu de Miséricorde, toujours disposé à les recevoir dans mon cœur.

Ainsi, jour après jour, nous avancerons, unis dans notre secret d'amour. Une petite étincelle et ensuite une grande flamme… Seul l'amour véritable aujourd'hui n'est pas aimé ! Fais aimer l'amour ! Mais auparavant, prie, ma petite fille, prie beaucoup pour les âmes consacrées qui ont perdu l'enthousiasme et la joie dans le service. Prie aussi pour ces Prêtres qui réalisent le miracle des miracles sur l'autel et dont la foi est languissante. Perds-toi en Moi comme une goutte d'eau dans l'océan… Quand je t'ai créée, j'ai baisé ton front, y posant le signe de ma prédilection… Cherche les âmes, parce qu'elles sont peu nombreuses, celles qui M'aiment ; cherche les âmes et imprime dans leur esprit la douleur dans laquelle Je Me suis consumé. Les hommes, sans le savoir, sont disposés à recevoir de grands dons.

Je suis uni à toi, quand tu fais ce que je te demande. C'est comme si tu m'enlevais la soif ardente qui me sécha les lèvres sur la Croix.

Je me ferai présent chaque fois qu'ils invoqueront Ma passion avec amour. Je t'accorderai de vivre unie à Moi dans la douleur que je ressentis quand, à Gethsémani, j'eus la connaissance des péchés de tous les hommes. Sois consciente de cela, car j'appelle peu de créatures à cette sorte de passion, mais aucune d'elles ne comprend quelle prédilection J'ai mis en elles pour les associer à Moi à l'heure la plus douloureuse de ma vie terrestre.

JÉSUS SE PRÉPARE

Il y a des âmes qui font attention à Ma Passion, mais peu nombreuses sont celles qui méditent la préparation de Ma vie publique : Ma solitude ! Les quarante jours que je passai sur les flancs de la montagne, furent les jours les plus angoissants de Ma vie, parce que je les passai complètement seul, préparant Mon Esprit pour ce qui allait venir : je souffris la faim, la soif, le découragement et l'amertume. Je savais que pour mon peuple, mon sacrifice serait inutile puisqu'il

Me renierait. Dans cette solitude, j'ai compris que ni Ma nouvelle doctrine, ni Mes sacrifices, ni Mes miracles ne pourraient sauver le peuple juif qui allait se transformer en déicide.

LA CÈNE PASCALE

Maintenant, venons-en au récit de Ma Passion... Récit qui rendra gloire au Père et Sainteté aux âmes choisies...

Le dernier soir avant que je sois livré, fut plein de joie pour la Cène Pascale, inauguration du Banquet éternel, dans lequel l'être humain devait s'asseoir pour se nourrir de Moi. Si Je demandais aux chrétiens, que pensez-vous de cette Cène?, beaucoup répondraient sûrement que c'est le lieu des délices, mais peu diraient que c'est Mon délice... Il y a des âmes qui ne communient pas pour le plaisir qu'elles éprouvent mais pour le plaisir que Je ressens. Elles sont peu nombreuses, car les autres viennent à Moi pour demander des dons et des faveurs. J'étreins toutes les âmes qui viennent à Moi parce que Je suis venu sur terre pour faire croître en elles l'amour que je leur communique dans cette étreinte. Et comme l'amour ne grandit pas sans difficulté, ainsi Moi, peu à peu, je retire la douceur pour laisser les âmes dans leur sècheresse ; et cela pour qu'elles aillent en jeûnant de leur propre plaisir, pour leur faire comprendre qu'elles doivent avoir la lumière et se préparer à un autre désir, le Mien. Pourquoi parlent-elles d'aridité comme si c'était un signe de diminution de Mon amour ?

Vous avez oublié que si Moi je ne donne pas de joie, vous devez éprouver vos sècheresses et vos autres peines. Venez à Moi, âmes, mais ne pensez pas que c'est Moi qui ordonne tout et qui vous incite à me chercher. Si vous saviez combien j'apprécie l'amour désintéressé et comme il sera reconnu au ciel ! Comme elle jouira de lui, l'âme qui le possède ! Apprenez de Moi, chères âmes, à aimer uniquement pour faire plaisir à Celui qui vous aime… Vous aurez des douceurs et beaucoup plus que ce que vous donnez ; vous jouirez tellement de ce que je vous ai rendues capables. Je Suis celui qui vous prépare au Banquet. Je Suis la Nourriture. Comment alors puis-je vous faire asseoir à Ma table et vous laisser jeûner ? Je vous promets que celui qui se nourrit de Mon Corps n'aura plus faim… Je Me sers des choses pour vous faire découvrir Mon amour. Que les Prêtres suivent mes appels, comme ils l'ont fait lors de leur vocation à mon service, ils trouveront dans la fête pascale l'occasion de les conduire à Moi ; mais qu'ils ne s'arrêtent pas à l'humain, car alors ils feraient cesser l'autre objectif de cette fête.

Personne ne peut dire que Ma Cène devient sa nourriture s'il n'en éprouve que de la douceur… L'amour grandit, pour Moi, à mesure que chacun s'abandonne à lui-même. Beaucoup de Prêtres sont Mes Ministres parce que je l'ai voulu, non parce qu'ils Me suivent en réalité… ! Priez pour eux ! Ils doivent offrir à Mon Père la peine que j'ai ressentie quand dans le Temple, j'ai jeté par terre les bancs des marchands et que j'ai fait des reproches aux Ministres d'alors pour avoir fait de la Maison de Dieu une taverne de voleurs. Quand ils me demandèrent de quelle autorité Je faisais cela, J'ai ressenti une peine encore plus grande en constatant que la pire des négations de Ma Mission venait justement de Mes Ministres.

C'est pourquoi, priez pour les Prêtres qui traitent Mon corps dans la routine, avec très peu d'amour… Vous saurez vite ce que je devais vous dire, parce que je les aime et pourquoi je promets à celui qui prie pour Mes Prêtres, la rémission de toute peine temporelle due. Il n'y aura pas de purgatoire pour celui qui est affligé à cause des Prêtres tièdes, mais le Paradis, immédiatement après le dernier souffle.

Et maintenant, laissez-vous étreindre de nouveau par Moi, pour recevoir la vie que je partagerai avec vous tous avec une joie infinie. Cette nuit-là, avec un amour infini, j'ai lavé les pieds de Mes Apôtres, parce que c'était le meilleur moment pour présenter Mon Église au monde. Je voulais que mes âmes sachent que, même chargées des péchés les plus graves, elles n'étaient pas exclues de la grâce. Que mes âmes les plus fidèles se joignent à Moi ; elles sont dans Mon cœur, recevant les grâces dont elles ont besoin.

Quel chagrin j'ai ressenti à ce moment-là, sachant que dans Mon Apôtre Judas, étaient représentées tant d'âmes qui, réunies à Mes pieds et lavées de nombreuses fois avec Mon Sang, allaient pourtant se perdre ! A ce moment-là, je voulus enseigner aux pécheurs que ce n'est pas parce qu'ils sont dans le péché qu'ils doivent s'éloigner de Moi en pensant qu'ils n'ont plus de remède et qu'ils ne seront jamais plus aimés comme avant de pécher. Pauvres âmes ! Ce ne sont pas les sentiments d'un Dieu qui a versé tout son sang pour vous. Venez tous à Moi et ne craignez point, parce que je vous aime ; je vous laverai avec Mon Sang et vous redeviendrez aussi blancs que la neige ; je noierai vos péchés dans l'eau de Ma Miséricorde et rien ne pourra arracher de Mon cœur l'amour que j'ai pour vous.

Mon aimée, Je ne t'ai pas choisie en vain ; réponds avec générosité à Mon choix ; sois fidèle et ferme dans la foi. Sois douce et humble pour que les autres sachent comme est grande Mon humilité.

JÉSUS PRIE DANS LE JARDIN

Personne ne croit en vérité que j'ai sué du sang cette nuit-là à Gethsémani et peu croient que j'ai beaucoup plus souffert dans ces heures qu'à la crucifixion. Elle fut très douloureuse parce qu'il Me fut manifesté clairement que les péchés de tous étaient devenus Miens et que Je devais répondre pour chacun d'eux. Ainsi Moi, l'Innocent, je répondis au Père comme si J'avais été véritablement coupable de malhonnêteté. Moi, le Pur, je répondis au Père comme si j'avais été taché de toutes les impuretés que vous avez commises, mes frères, déshonorant Dieu, qui vous créa pour que vous soyez les instruments de la grandeur de la création et non pour dévier de la nature dont Il vous avait gratifiés, dans le but de l'amener graduellement à soutenir la vision de la pureté en Moi, votre Créateur. Par conséquent, je fus fait voleur, assassin, adultère, menteur, sacrilège, blasphémateur, calomniateur et rebelle au Père, que J'ai pourtant toujours aimé. En cela, précisément, consista Ma sueur de sang : dans le contraste entre Mon amour pour le Père et Sa Volonté. Mais j'obéis jusqu'à la fin et pour l'amour de tous, je me chargeai de la tâche de façon à faire La Volonté de Mon Père et à vous sauver de la damnation éternelle.

Considère combien d'agonies plus que mortelles j'ai eues cette nuit-là et crois-Moi, personne ne pouvait Me soulager de telles souffrances, parce que je voyais encore mieux comment chacun de vous s'appliqua à Me rendre cruelle la mort qu'on Me donnait à chaque instant par les offenses dont J'ai payé le rachat en entier. Je veux qu'on connaisse une fois de plus comment j'ai aimé tous les hommes dans cette heure d'abandon, de tristesse sans nom…

JÉSUS INSTITUE L'EUCHARISTIE

Le désir de ce que les âmes soient sans tache quand elles Me reçoivent dans le Sacrement de l'amour, Me poussa à laver les pieds de mes Apôtres. Je le fis aussi pour représenter le Sacrement de la pénitence, dans lequel les âmes qui ont eu la disgrâce de tomber dans le péché, puissent se laver et retrouver leur blancheur perdue. En leur lavant les pieds, j'ai voulu enseigner aux âmes qui ont une mission apostolique, à s'humilier et à traiter avec douceur les pécheurs et toutes les âmes qui leur sont confiées. Je m'entourai d'une toile pour leur enseigner que, pour obtenir du succès avec les âmes, il faut se ceindre de la mortification et de l'abnégation mêmes. Je voulus qu'ils apprennent la charité mutuelle et qu' ils doivent laver les fautes de leur prochain, les dissimulant ou les excusant toujours sans divulguer les défauts des autres. L'eau que je jetai sur les pieds de Mes Apôtres, était le reflet du zèle qui consumait Mon cœur du désir du salut des hommes.

A ce moment-là, l'amour que je ressentais pour les hommes était infini et je ne voulus pas les laisser orphelins... Pour vivre avec vous jusqu'à la fin des siècles et vous montrer Mon amour, j'ai voulu être votre souffle, votre vie, votre soutien, votre tout ! Alors je vis toutes les âmes qui au cours des siècles, nourries de Mon Corps et de Mon Sang avec tous les effets divins produits en elles par cette nourriture.

Dans beaucoup d'âmes, ce Sang Immaculé engendrerait la pureté et la virginité. Dans d'autres, il allumerait la flamme de l'amour et le zèle.

Beaucoup de martyrs d'amour, se regroupèrent à cette heure devant Mes Yeux et dans Mon Cœur ! Combien d'autres, après avoir commis de nombreux et graves péchés, affaiblies par la force des passions, viendraient à moi pour se renouveler avec le Pain des forts ! Comme J'aimerais faire connaître les sentiments de Mon Cœur à toutes les âmes. Combien je désire qu'elles connaissent l'amour que je ressentis pour elles quand, au Cénacle, j'instituai l'Eucharistie. Personne ne pourra pénétrer les sentiments de Mon Cœur à ces moments-là. Sentiments d'amour, de joie, de douceur…

De plus, l'amertume qui envahit Mon Cœur fut immense. Es-tu peut-être un bon terrain pour la construction d'un magnifique édifice ? Oui et non… Oui, pour les dons que Je t'ai fait depuis ta naissance. Non, pour l'usage que tu en as fait. Penses-tu que ton terrain est adéquat par rapport à la structure de l'édifice que Je construis ? Oh, qu'il est inconsistant ! Alors, Mes calculs, malgré tous les éléments contraires qui existent en toi, ne se tromperont pas, parce que c'est Ma manière de choisir ce qui est pauvre pour le projet que Je me suis fixé. Moi, jamais Je ne me trompe, parce que j'utilise l'art et l'amour. Je construis activement sans que tu t'en aperçoives. Ton désir même de savoir ce que je suis en train de faire Me sert à te prouver que tu ne peux rien et que tu ne sais rien sans que Je le veuille… Il est temps de travailler, Ne me demande rien parce qu'il y a quelqu'un qui pense à toi.

Je veux dire à Mes âmes l'amertume, la douleur terrible qui remplissaient Mon Cœur cette nuit-là. Ma joie était grande de me faire compagnon des hommes jusqu'à la fin des siècles et Nourriture divine des âmes, car je voyais combien Me rendraient hommage en adoration, en amour, en réparation ; mais elle fut grande aussi la tristesse que M'occasionna la contemplation de toutes ces âmes qui achèveraient de M'abandonner dans le Tabernacle et combien douteraient de Ma présence dans l'Eucharistie. Dans combien de cœurs tachés, salis et complètement déchirés par le péché je devrais entrer et comment Ma chair et Mon Sang, profanés, se changeraient en motifs de condamnation pour beaucoup d'âmes ! Tu ne peux comprendre la forme dans laquelle je vis tous les sacrilèges, les outrages et les terribles abominations qui se commettraient contre Moi… Les très nombreuses heures que j'irais passer Seul dans les Tabernacles. Que de longues nuits !

Combien d'hommes repousseraient les appels amoureux que je leur enverrais ! Pour l'amour des âmes, Je reste prisonnier dans l'Eucharistie, pour que dans leurs souffrances et leurs peines, ils aillent se consoler auprès du plus tendre des cœurs, du meilleur des pères, de l'ami le plus fidèle. Mais cet amour, qui se consume pour le bien des hommes, ne sera pas réciproque. Je demeure au milieu des pécheurs pour être leur salut et leur vie, leur médecin et leur remède ; et eux, en échange, malgré leur nature malade, s'éloignent de Moi, M'outragent et Me méprisent.

Mes enfants !, pauvres pécheurs ! Ne vous éloignez pas de Moi, je vous attends la nuit et le jour dans le Tabernacle. Je ne vais pas vous reprocher vos crimes. Je ne vais pas vous jeter à la figure vos péchés. Ce que je ferai ? Je vous laverai avec le Sang de Mes plaies. Ne craignez pas, venez à moi. Vous ne savez pas combien Je vous aime !

Et vous, âmes chéries, pourquoi êtes-vous froides et indifférentes à Mon amour ? Je sais que vous devez vous occuper des besoins de votre famille, de votre maison et du monde qui vous sollicite sans cesse. Mais n'aurez-vous pas un moment pour venir Me donner une preuve de votre amour et de votre gratitude ? Ne vous laissez pas emporter par tant de préoccupations inutiles et réservez un moment pour venir visiter le Prisonnier de l'amour. Si votre corps est malade, ne pouvez-vous pas trouver quelques minutes pour chercher le Médecin qui doit vous soigner ? Venez à Celui qui peut rendre forces et santé à l'âme… Donnez une aumône d'amour à ce Mendiant divin qui vous appelle, qui vous désire et qui vous attend.

Ces paroles seront grandement efficaces dans les âmes. Elles pénètreront dans les familles, les écoles, les maisons religieuses, les hôpitaux, les prisons et beaucoup d'âmes se rendront à Mon amour.

Les plus grandes douleurs me viennent des âmes sacerdotales et religieuses. Au moment d'instituer l'Eucharistie, je vis toutes les âmes privilégiées qui s'alimenteraient avec mon Corps et mon Sang, et les effets produits en elles. Pour quelques-unes, Mon Corps serait un remède à leur faiblesse ; pour d'autres, un feu qui consumerait leur misère en les enflammant d'amour.

Ah ! Ces âmes réunies devant Moi seront un immense jardin dans lequel chaque plante produit une fleur différente, mais toutes me réjouiront de leur parfum… Mon Corps sera le soleil qui les ranime. Je m'approcherai de certaines pour les consoler, d'autres pour me cacher, dans d'autres je me reposerai…

Ce Dieu qui vous aime d'un Amour infini, après vous avoir libérés de l'esclavage du péché, a semé en vous la grâce incomparable de la vocation religieuse, et vous a amenées d'une manière mystérieuse au jardin des délices. Ce Dieu, votre Rédempteur, s'est fait Votre Epoux. Lui-même vous nourrit de son Corps très pur et de son Sang étanche votre soif. En Moi vous trouverez le repos et le bonheur. Ah, ma petite fille ! Pourquoi tant d'âmes, après avoir été comblées de biens et de tendresse, sont des motifs de tristesse pour Mon Cœur ? Ne suis-Je pas toujours le même ? Peut-être ai-je changé pour vous ? Non, je ne changerai jamais et, jusqu'à la fin des siècles, je vous aimerai avec prédilection et tendresse. Je sais que vous êtes pleins de misères, mais cela ne me fera pas m'écarter de vous, la prunelle de Mes yeux, et avec angoisse je vous attends, non seulement pour vous laver de vos péchés, mais surtout pour vous combler de Mes bienfaits. Si je vous demande de l'amour, ne Me le refusez pas. Il est facile d'aimer celui qui est l'Amour même. Si je vous demande quelque chose de cher à votre nature, je vous donne conjointement la grâce et la force nécessaires pour que vous soyez Ma consolation. Laissez-Moi entrer dans vos âmes, et si je ne trouve en elles rien qui ne soit digne de Moi, dites-le Moi avec humilité et confiance : « Seigneur, tu vois maintenant les fruits que produit cet arbre, viens et dis-moi ce que je dois faire pour que, à partir d'aujourd'hui, jaillissent les fruits que Tu désires »

Si l'âme Me dit cela avec un véritable désir de me prouver son amour, Je lui répondrai : Âme chérie, laisse-Moi cultiver Moi-même ton amour… Sais-tu les fruits que tu obtiendras ? La victoire sur ton caractère réparera les offenses, expiera tes fautes. Si tu ne te troubles pas en recevant une correction et si tu l'acceptes avec joie, tu obtiendras que les âmes aveuglées par l'orgueil s'humilient et demandent pardon. C'est ce que Je ferai en ton âme si tu Me laisses travailler librement. Tu ne fleuriras ensuite dans le jardin que si tu donnes une grande consolation à Mon Cœur…

Je vis tout cela quand j'instituai l'Eucharistie et que je m'enflammai d'angoisse pour nourrir les âmes. Je n'allais pas rester sur terre pour vivre avec les êtres parfaits, mais pour soutenir les faibles et nourrir les enfants… Je les ferais croître et rendrais leurs âmes robustes, je les reposerais de leurs misères et leurs bons désirs Me consoleraient. Mais parmi Mes choisis, il y a quelques âmes qui me font de la peine. Persévèreront-elles toutes ? … C'est le cri de douleur qui s'échappe de mon cœur ; c'est le gémissement que je veux qu'elles entendent. L'Amour éternel est en train de chercher les âmes qui disent de nouvelles choses à la place des anciennes vérités déjà connues. L'amour infini veut créer, au sein de l'humanité, un tribunal, non de Justice mais de pure Miséricorde. C'est pour cette raison que les messages se multiplient dans le monde. Celui qui les comprend en admire les œuvres, en profite et fait que les autres aussi en profitent. Celui qui ne les comprend pas reste esclave de l'esprit qui meurt et condamne. A ces derniers, j'envoie Ma parole de condamnation parce qu'ils paralysent l'œuvre Divine et se convertissent en complices du malin. Quelle ruse produit une pression dans leurs esprits d'enfants quand ils condamnent, dissimulent, répriment ce qui vient non de pauvres créatures mais du Créateur ? A ceux que j'ai appelés petits, Je révèle Ma Sagesse que par contre je cache aux orgueilleux… Âme, laisse-moi me répandre en toi.

JÉSUS FAIT LA VOLONTÉ DE SON PÈRE

De Ma Passion je veux que tu considères surtout l'amertume que Me causa la connaissance des péchés qui, obscurcissant l'esprit de l'homme, l'amène à des aberrations. Ces péchés sont admis, la plupart du temps, comme le fruit d'une tendance naturelle à laquelle on dit qu'on ne peut opposer sa propre volonté. Aujourd'hui, beaucoup vivent en état de péché grave, mais comme ils en imputent la responsabilité aux autres ou au destin, ils ne se donnent pas les moyens de s'en libérer. Je vis cela à Gethsémani et connus le grand mal qui absorberait Mon Âme. Combien se perdent ainsi et comme Je souffris pour eux ! Ainsi j'enseignai à Mes Apôtres, par Mon exemple, à se supporter mutuellement, en leur lavant les pieds et en me faisant leur Nourriture. L'heure s'approchait pour laquelle le Fils de Dieu s'était fait homme et Rédempteur du genre humain ; Il allait verser Son Sang et donner Sa Vie pour le Monde.

À cette heure, Je voulus me mettre en prière et me soumettre à la Volonté de Mon Père… Il arriva alors que Ma Volonté comme homme réussisse à vaincre la résistance naturelle à la grande souffrance, préparée pour Moi par Notre

Père, plus malheureux peut-être que Moi-même. Alors J'entrevis, au milieu de ces âmes perdues, la Mienne essayant de réparer tout ce qui était corrompu. Ma Toute Puissance peut tout, mais Je veux une participation minimale votre part et je ferai le reste. Ce minimum, je l'offre Moi-même avec un amour infini.

Ma Passion… Quel abîme d'amertume contient-elle ! Que celui qui prétend la connaître en est loin s'il ne pense qu'aux terribles souffrances de Mon Corps… Ma Fille, Je t'ai réservé d'autres tableaux des tragédies intimes que je vécus et que Je désire partager avec toi, parce que tu es de ceux que le Père Me concéda dans le Jardin. Ames chéries ! Apprenez de votre Modèle que l'unique chose nécessaire, bien que la nature se rebelle, est de se soumettre avec humilité et de se livrer pour accomplir la Volonté de Dieu. C'est pourquoi j'ai voulu enseigner aux âmes que toute action importante doit être précédée et vivifiée par la prière, parce qu'en elle l'âme se fortifie pour les choses les plus difficiles et Dieu communique avec elle, la conseille et l'inspire, sans que l'âme ne le sente pas. Je Me retirai au Jardin avec trois de Mes Disciples, pour leur apprendre que les trois puissances de l'âme doivent être accompagnées et aidées dans la prière.

Rappelez-vous, de mémoire, les bénéfices divins, les perfections de Dieu : Sa Bonté, Son Pouvoir, Sa Miséricorde, l'Amour qu'Il vous prodigue. Cherchez ensuite, avec l'intelligence, comment vous pourriez répondre aux merveilles qu'Il a faites pour vous… Faites en sorte que votre volonté agisse pour Dieu, le plus et le meilleur, qu'elle se consacre au salut des âmes, que ce soit au moyen de vos travaux apostoliques, que ce soit par votre vie humble et cachée, dans votre retraite et le silence au moyen de la prière. Agenouillez-vous humblement, comme des enfants, en présence de votre Créateur et adorez Ses projets sur vous, quels qu'ils soient, en soumettant votre volonté à celle de votre Dieu. C'est ainsi que Je M'offris Moi-même pour réaliser l'œuvre de Rédemption du monde.

Ah ! Quel moment que celui où je sentis venir sur Moi tous les tourments que je devais souffrir dans Ma Passion : les calomnies, les insultes, les coups de fouet, les coups de pieds, la couronne d'épines, la soif, la Croix… Tout cela passa devant Mes Yeux en même temps qu'une douleur intense blessait mon cœur ; les offenses, les péchés et les abominations qui se commettraient au cours des siècles ; et non seulement je les vis, mais je me sentis revêtu de toutes ces horreurs et c'est ainsi que Je Me présentai à Mon Père Céleste pour implorer Miséricorde. Ma Petite Fille, Je m'offris comme un lis pour calmer Sa colère et apaiser Son courroux. Cependant, avec tant de crimes et tant de péchés, Ma nature humaine ressentit une agonie mortelle, au point de suer du sang. Serait-il possible que cette angoisse et ce Sang soient inutiles pour tant d'âmes ?... Ma Passion fut l'origine de Mon amour. Si je ne l'avais pas voulu, qui aurait pu Me toucher ? Je le voulus et, pour faire cela, je Me servis des plus cruels parmi les hommes. Avant de souffrir, je connaissais en Moi-même toute souffrance et je pouvais l'évaluer entièrement. En échange, quand je voulus souffrir, en plus de cette pleine connaissance et de cette évaluation, je ressentis humainement toutes les souffrances ; Je les pris toutes. Parlant de Ma Passion, je ne peux raconter en détail autant de choses. Je l'ai fait d'autres fois et vous n'avez pu le comprendre étant donné que votre nature humaine n'arrivait pas à saisir la démesure des souffrances que j'ai endurées.

Oui, Je vous éclaire, mais Je laisse une limite, au-delà de laquelle vous ne pouvez avancer. Ce n'est qu'à Ma Mère que Je fis connaître toutes Mes choses ; à cause de cela, Elle les souffrit plus que tous. Mais aujourd'hui, le monde devra en savoir davantage que ce que Je lui ai concédé jusqu'à maintenant, parce que Mon Père le veut ainsi. Pour cela, un rayon d'amour fleurit dans mon Église à la vue de toutes les vicissitudes qui depuis le Jardin m'amenèrent au Calvaire. Plus qu'à nul autre, Je manifeste Ma Passion aux aimés que J'eus dans le Jardin. Eux peuvent faire remarquer quelque chose qui s'adapte à l'esprit des voyageurs actuels. Et si vous pouvez, vous devez le faire. Pour cela, écris tout ce que Je te dis, ma petite, pour toi et pour beaucoup d'autres, pour le réconfort des âmes et pour la gloire de la Trinité, qui désire que soient connues Mes souffrances à Gethsémani.

Mon âme est triste à en mourir. Tandis que la tristesse du mal physique pourrait être la cause de la mort, celle de l'esprit que je voulus expérimenter, consista en l'absence totale de l'influence de la Divinité et en la présence déchirante des causes de Ma Passion. Dans Mon Esprit, qui agonisait, étaient réellement présents tous les motifs qui Me poussèrent à apporter l'amour à la terre. Premièrement, les offenses faites contre Ma Divinité souffrante d'homme, avec la propre connaissance de Dieu. Tu ne peux trouver ressemblance à ce genre de souffrance, parce que l'homme qui pèche comprend, avec Ma Lumière, la partie qui lui revient et souvent d'une manière imparfaite, il ne voit pas comment est le péché devant Moi. C'est pour cela que Dieu seul peut connaître ce qu'est une offense qui Lui est faite.

Cependant, l'Humanité devait pouvoir offrir à la Divinité une connaissance pleine et entière et une douleur authentique, ainsi que le repentir pour l'offense commise ; et Je peux le faire toutes les fois que Je le veux, offrant précisément cette connaissance qui a opéré en Moi, Homme, avec l'humanisation de l'offense faite à Dieu.

Ce fut mon désir : que le pécheur repenti, par mon intermédiaire, puisse présenter à son Dieu la connaissance de l'offense commise et que Moi, dans Ma Divinité, je puisse recevoir de l'homme aussi la compréhension complète de ce qu'il a fait contre Moi.

Ça suffit pour aujourd'hui. Tu ne sais pas combien tu me consoles quand tu te livres à Moi dans un abandon complet... Je ne peux pas tous les jours parler aux âmes... Permets que pour elles je te dise Mes secrets !... Permets que je profite de tes jours et de tes nuits ! J'étais triste jusqu'à la mort, parce que je voyais de tout côté l'accumulation énorme des offenses commises et, si pour un seul J'expérimentais une mort sans modèle, que n'aurai-Je expérimenté pour l'ensemble de toutes les fautes ? « Mon âme est triste jusqu'à la mort »… d'une tristesse qui Me provoque l'abandon de toute force ; d'une tristesse qui avait pour centre la divinité jusqu'à laquelle -en Moi- convergeait la marée des fautes et la puanteur des âmes corrompues par tout type de vices. Pour cela J'étais à la fois cible et flèche. Comme Dieu, cible; comme homme, flèche ; dès que j'eus absorbé tout le péché, au point d'apparaître, devant Mon Père, comme l'unique offenseur. Je ne pouvais éprouver de plus grande tristesse que celle-là et je voulus la recueillir toute entière, pour l'amour du Père, pour Sa Miséricorde envers vous tous. Regardez-Moi ainsi, dans cette gigantesque prison de l'esprit. Est-ce que Je ne mérite pas de l'amour, après avoir tant lutté et souffert ? Est-ce que Je ne mérite pas que la créature se serve de Moi comme de sa propre chose, sachant que je Me donne à elle entièrement, sans aucune réserve ? Venez tous à Ma fontaine inépuisable de biens et prenez ! Je vous offre Ma tristesse dans le Jardin ; donnez-Moi votre tristesse, toutes vos tristesses ; je veux en faire un bouquet de violettes, dont le parfum sera constamment orienté vers Ma Divinité.

« Père, s'il est possible, éloigne de Moi ce Calice. Mais non pas ma volonté, mais la Tienne » J'ai dit ceci au sommet de l'amertume, quand le poids qui reposait sur moi m'avait rendu si sanglant que Mon âme se trouvait dans la plus invraisemblable obscurité. Je le dis au Père parce qu'en assumant toute faute, Je Me présentais devant Lui comme l'unique pécheur, contre lequel se déchargeait toute sa Justice Divine. Et, Me sentant privé de Ma Divinité, seule mon humanité m'était présente.

Enlève-moi, oh Père, ce Calice très amer que Tu Me présentes et que, en venant dans ce monde, J'acceptai cependant pour Ton amour. Je suis arrivé à un point où Je ne Me reconnais pas Moi-même. Toi, oh Père Tu as fait du péché comme Ma propriété et cela me rend insupportable Ma présence devant Toi qui M'aimes. L'ingratitude des êtres humains M'est déjà connue mais comment supporterai-je de Me voir seul ? Mon Dieu, prends pitié de la grande solitude dans laquelle Je Me trouve ! Pourquoi veux-Tu Toi aussi Me voir si abandonné ? Quelle aide trouverai-je dans tant de désolation ? Pourquoi, Toi aussi, Me frappes Tu ainsi ? Et si Tu Me prives de Toi, Je sens que je descends dans un abîme tel que je n'arrive pas à reconnaître Ta main dans une situation si tragique. Le sang qui sort de tout Mon Corps Te donne un témoignage de Mon anéantissement sous Ta Main puissante…

C'est ainsi je pleurai, c'est ainsi que je fus anéanti. Mais je poursuivis : Il est juste, Père Saint, que Tu fasses de Moi tout ce que Tu veux. Ma vie n'est pas à Moi. Elle T'appartient entièrement. Je veux que ce ne soit pas Ma volonté qui se fasse, mais la Tienne. J'ai accepté une mort sur la Croix, J'accepte aussi la Mort apparente de Ma Divinité.

C'est juste. Tout cela Je dois Te le donner et avant tout Je dois T'offrir l'holocauste de la Divinité qui, néanmoins, M'unit à Toi. Oui Père, Je confirme, avec le sang que Tu vois, Mon offrande, Je confirme, avec le sang, Mon acceptation : Que Tu fasses Ta volonté, non la Mienne…

JÉSUS CHERCHE SES DISCIPLES QUI SONT ENDORMIS

Le poids énorme et la fatigue atroce de Mon agonie, joints à la sueur de Sang, M'avaient frappé de telle manière que, en allant chercher Mes Apôtres, Je Me sentis terriblement fatigué. Pierre, Jean, Jacques ! Où êtes-vous, Je ne vous vois pas sur vos gardes ? Réveillez-vous, regardez Mon visage, Voyez comme Mon corps tremble dans ces tribulations que j'éprouve ! Pourquoi dormez-vous ? Réveillez-vous et priez avec Moi, parce que J'ai sué du Sang pour vous ! Pierre, disciple choisi, Ma Passion ne t'intéresse-t-elle pas ?... Jacques, à toi je t'ai donné tant de préférence : regarde-moi et souviens-toi de Moi ! Et toi Jean, pourquoi te laisses-tu plonger dans le sommeil avec les autres ? Tu peux résister plus qu'eux... Ne dors pas, veille et prie avec Moi ! J'ai là ce que J'obtins : cherchant une consolation, Je trouvai une amère affliction. Ils ne sont même pas avec Moi. Jusqu'où irai-je encore ?...

C'est vrai, Mon Père Me donne seulement ce que je sus Lui demander, afin que le Jugement de l'humanité entière tombe sur Moi. Mon Père, aide-Moi ! Tu peux tout, aide-Moi ! Je revins prier comme un homme dont toutes les espérances ont sombré et qui cherche plus haut compréhension et consolation. Mais que pouvait faire Mon père si Moi J'avais choisi librement de payer pour tout ? Mon choix n'avait pas changé. Cependant, la résistance naturelle était arrivée à un degré si excessif, que Mon humanité était troublée. De nouveau, j'inclinai Mon visage contre terre pour la honte de tous ces péchés ; de nouveau, je demandai à Mon Père qu'Il éloigne de Moi ce Calice. Mais Il Me répondit que si Je ne le buvais pas, ce serait comme si je n'étais pas venu au monde et que Je serais parce que beaucoup de créatures partageraient Mes agonies dans le jardin. Je répondis : Père, non Ma volonté mais la Tienne. Cet Ange m'a assuré de Ton amour et la brève joie que Tu M'as envoyée, a fait son oeuvre dans Ma résistance naturelle. Donne-Moi Mes créatures, celles que J'ai rachetées. Prends-les Toi-même parce que pour Toi Je l'accepte. Je veux te voir content. Je T'offre toutes Mes souffrances et Mon immuable volonté qui, en vérité, n'est pas en désaccord avec la Tienne, parce que Nous avons toujours été une seule entité... Père, je suis démoli, mais ainsi Notre amour sera connu. Que Ta Volonté soit faite, non la Mienne.

Je revins réveiller les Disciples, mais les rayons de la Justice Divine avaient laissé en Moi des sillons indélébiles... Ils furent remplis d'épouvante en Me voyant ébranlé et celui qui souffrit le plus fut Jean. Moi muet... eux abasourdis... Seul Pierre trouva le courage de parler. Pauvre Pierre, s'il avait su qu'une partie de Mon agitation avait été provoquée par lui !...

J'avais amené Mes trois amis pour qu'ils m'aident, partageant Mon angoisse ; pour qu'ils fassent oraison avec Moi ; pour me reposer sur eux, sur leur amour... Comment décrire ce que j'ai ressenti quand Je les ai vus endormis ?

Comme Mon Cœur en souffre encore aujourd'hui !; et en voulant trouver du réconfort dans Mes âmes, Je vais vers elles et Je les trouve endormies ? Plus d'une fois, quand je voulus les réveiller et les sortir d'elles-mêmes, de leurs préoccupations, elles Me répondent, si ce n'est avec des paroles mais par des actions : « Maintenant, je ne peux pas, je suis très fatigué, j'ai beaucoup à faire, ceci porte préjudice à ma santé, j'ai besoin d'un peu de temps, je veux un peu de tranquillité ». J'insiste et je dis doucement à cette âme : ne crains pas ; si tu laisses pour Moi ce repos, je te récompenserai. Viens prier avec Moi, seulement une heure ! Regarde, c'est en ce moment que J'ai besoin de toi ! Si tu t'arrêtes, est-ce que cela te retardera ? Que de fois j'entendis la même réponse ! Pauvre âme, tu n'as pu veiller une heure avec Moi.

D'ici peu de temps, Je viendrai et tu ne M'entendras pas, parce que tu es endormie… Je voudrais te donner la Grâce mais, comme tu dors, tu ne pourras pas la recevoir et qui t'assure qu'ensuite tu auras la force pour te réveiller ?… C'est risquer que, privée d'aliment, ton âme s'affaiblisse et que tu ne puisses sortir de cette léthargie. La mort a surpris beaucoup d'âmes au milieu d'un profond sommeil ; et où et comment se sont-elles réveillées ?

Ames chéries, je désire vous enseigner aussi combien il est inutile et vain de vouloir chercher le réconfort dans les créatures. Combien de fois elles sont endormies et au lieu de trouver le réconfort que je vais chercher en elles, Je sors avec amertume parce qu'elles ne correspondent pas à Nos désirs ni à Notre amour. Quand Je priai Mon Père et que Je Lui demandai de l'aide, Mon âme triste et désemparée ressentait des angoisses de mort. Je Me sentis accablé avec le poids des plus noires ingratitudes.

Le Sang qui coulait de tous les pores de Mon Corps et qui dans peu de temps jaillirait de toutes Mes blessures, serait inutile pour le grand nombre d'âmes qui se perdraient. De très nombreuses âmes M'offenseraient et beaucoup ne me connaîtraient pas ! Ensuite, Mon Sang coulerait pour tous et Mes mérites seraient appliqués à chacun d'eux. Sang Divin ! Mérites infinis !... Et cependant inutiles pour tant et tant d'âmes... Mais déjà j'allais à la rencontre d'autres choses et Ma volonté était disposée à l'accomplissement de Ma Passion.

Hommes, si Je souffris, ça n'a certainement pas été sans fruit ni sans motif. Le fruit que J'ai obtenu a été la Gloire et l'Amour. Je vous appelle, avec Mon aide, à me prouver que vous appréciez

Mon œuvre. Je ne Me fatigue jamais ! Venez à Moi ! Venez à Celui qui vibre d'amour pour vous et qui seul sait vous donner le véritable amour, qui règne au ciel et qui vous transforme déjà sur la terre. Ames qui essayez Ma soif : buvez dans Mon Calice amer et glorieux parce que Je vous dis que le Père veut réserver justement pour vous quelques gouttes de ce calice.

Dites-vous que ces quelques gouttes Me furent enlevées et ensuite, si vous le croyez vraiment, dites–Moi que Je ne vous aime pas. Je n'ai pas mis de limites et vous non plus. Je fus abattu sans pitié ; vous devez, par amour, permettre que Je foule votre amour propre. Je suis Celui qui œuvre en vous, de même que le Père œuvre en Moi, à Gethsémani. Je suis Celui qui fais souffrir pour qu'un jour vous puissiez vous réjouir. Soyez dociles un moment ; soyez dociles en M'imitant, parce cela vous aide beaucoup et Me plaît beaucoup. Ne perdez rien, au contraire, recevez l'amour. Comment pourrais-Je en effet permettre que Mes aimées souffrent de pertes réelles, tandis qu'elles prétendent Me montrer leur amour ? Je vous attends. Je suis toujours en attente ; Je ne Me fatiguerai pas. Venez à Moi , venez comme vous êtes. Cela n'a pas d'importance, de quelle manière vous veniez,

Alors vous verrez que je parerai votre front avec quelques gouttes du Sang qui coula à Gethsémani, parce que ces gouttes sont à vous si vous les voulez. Viens, Âme, viens à Jésus qui t'appelle. Moi Je dis : Mon Père ; je ne dis pas : Mon Dieu ; et c'est cela que Je veux vous enseigner : quand votre cœur souffre plus, vous devez dire : mon Père, et Lui demander réconfort. Exposez-Lui vos souffrances, vos peurs et avec des gémissements, rappelez-Lui que vous êtes ses enfants. Dites-Lui que votre âme n'en peut plus ! Demandez avec une confiance de fils et espérez que votre Père vous réconfortera et vous donnera la force nécessaire pour passer votre tribulation et celle des âmes qui vous sont confiées. Ceci est le Calice que j'acceptai et bus jusqu'à la dernière goutte. Tout pour vous enseigner, mes chers fils, à ne pas croire de nouveau que les souffrances sont inutiles. Si vous ne voyez pas toujours le résultat que vous obtiendriez, soumettez votre raison et laissez la Volonté Divine s'accomplir en vous. Je ne reculai pas. Au contraire, sachant que c'était dans le Jardin qu'ils viendraient Me prendre, Je restai là, Je ne voulus pas fuir Mes ennemis ... Ma fille, laisse Mon Sang couler et fortifie cette nuit la racine de ta petitesse.

2° PARTIE :

LA TRAHISON DE JUDAS

JÉSUS EST LIVRE PAR JUDAS

Ne Me livreront-ils pas quand ils sortiront après M'avoir reçu ? Dans les endroits qu'ils fréquentent, il y a des pierres qui Me blessent : ce sont des conversations qui M'offensent et vous, qui M'avez reçu aujourd'hui, vous perdez là la blancheur précieuse de la Grâce.

Après avoir été réconforté par l'envoyé de Mon Père, je vis que Judas s'approchait de Moi, suivi de tous ceux qui devaient se saisir de Moi. Ils portaient des cordes, des pierres, des bâtons. Je M'avançai et Je leur dis : « Qui cherchez-vous ? Tandis que Judas, avec sa main sur Mon épaule, M'embrassa... Combien d'âmes M'ont vendu et Me vendraient pour le vil prix d'un délice, d'un plaisir momentané et passager... Pauvres âmes qui cherchent Jésus, comme les soldats. Âmes que J'aime ; vous qui venez à Moi, et qui Me recevez dans votre cœur, qui Me direz souvent que vous M'aimez...

Pourquoi Me livrez-vous ainsi, âmes qui Me connaissez et qui en plus d'une occasion vous glorifiez d'être pieuses et de pratiquer la charité ? Toutes choses qui en réalité pourraient vous faire obtenir beaucoup plus de grands mérites... Que sont-elles pour vous sinon un voile qui couvre votre péché d'amasser des biens sur la terre ? Veillez et priez ! Luttez sans vous fatiguer, et ne laissez pas ces mauvaises inclinations et ces défauts arriver à être des habitudes… Regardez, il faut faucher l'herbe tous les ans et peut-être aux quatre saisons ; il faut travailler la terre et la nettoyer, il faut l'amender et veiller à arracher les mauvaises herbes qui poussent sur elle.

L'âme aussi, il faut la traiter avec beaucoup de soin et il faut redresser les mauvaises tendances. Ne pensez pas que l'âme qui Me vend et qui s'est livrée au péché grave, commença par une faute grave. Généralement, les grandes chutes commencèrent par peu de chose : un goût, une faiblesse, un consentement illicite, un plaisir non interdit mais peu convenant… Ainsi l'âme va s'aveuglant, la grâce diminue, la passion se renforce et, enfin, gagne la bataille. Écoutez cela : Oui, il est triste de recevoir une offense et une ingratitude de quelque âme qui soit, mais ça l'est beaucoup plus quand cela provient de Mes âmes choisies et les plus aimées. Cependant, d'autres peuvent réparer et me consoler. Âmes que J'ai choisies pour faire le lieu de Mon repos, le jardin de Mes délices, J'attends de vous une plus grande douceur, beaucoup plus de délicatesse, beaucoup plus d'amour. De vous J'espère que vous serez le baume qui cicatrise Mes blessures, qui nettoie

Mon visage enlaidi et taché… Que vous M'aidiez à donner la lumière à tant d'âmes aveugles qui dans l'obscurité de la nuit Me prennent et M'attachent pour Me donner la mort.

Ne Me laissez pas seul… Réveillez-vous et venez parce que Mes ennemis arrivent déjà ! Quand les soldats s'approchèrent, Je leur dis : « c'est Moi ! » Cette même parole Je la répète maintenant à l'âme qui est prête à succomber à la tentation : « C'est Moi », Il est encore temps et si tu veux, je te pardonnerai ; et toi au lieu que tu M'attaches avec les cordes du péché, C'est Moi qui t'attacherai avec les liens de l'amour.

Viens ! Je Suis Celui qui T'aime et Celui qui a tant de compassion pour ta faiblesse, Celui qui est en train de t'attendre avec angoisse pour te recevoir dans Ses bras. L'épisode de Ma capture, bien examiné, a beaucoup d'importance. Si Pierre n'avait pas donné ce coup à Malchus, Je n'aurais pas eu l'occasion d'attirer votre attention sur la méthode que je désire que vous ayez pour combattre pour Moi. Alors Je me servis d'un proverbe pour admonester Pierre et je restituai son oreille à Malchus, parce que Je n'aime pas la violence, étant le Seigneur de la liberté. Mais notez, qu'en plus de faire cela, j'exprimai à Pierre le ferme désir que s'accomplisse Ma Passion et je fis comprendre que, si Je l'avais voulu, le Père pouvait Me faire défendre par Mes Anges.

Voyez-vous toutes ces choses en un seul épisode ? Mais le principal, c'est justement la leçon que J'ai dû vous donner dans le combat contre vos ennemis. Qui Me ressemble agit ainsi : il se laisse conduire où le veulent ceux qui l'entourent, parce que sa force, il l'aura dans ces moments qui ne sont pas ceux que recherche le monde (l'homme), par l'expérience humaine, par l'astuce de l'amour-propre.

Non, celui qui Me ressemble trouvera, recevra des forces inconnues mais vigoureuses pour dominer ses dominateurs, restant sur le siège sur lequel il est placé. Mon véritable disciple fait les choses les plus invraisemblables, sans interrompre en rien Mon projet pour lui. Le monde se complaît dans des singularités, dépassant et démontrant sa propre supériorité. Voilà l'esprit que J'ai Combattu et vaincu. C'est pourquoi je vous dis d'acquérir du courage, parce que J'ai vaincu en ayant du courage ; ce monde ne peut rien faire à présent qui coupe votre union avec Moi, pourvu que vous ne vous unissiez pas à lui, parce qu'alors vous devriez en supporter les conséquences, avec la circonstance aggravante que, comme Moi je M'oppose à votre victoire avec les armes du monde, il vous arrivera plusieurs fois d'avoir comme adversaires le monde et Moi ; le monde pour son amour-propre et Moi par amour pour vous, par amour de votre véritable bien.

C'est pourquoi, non à la violence de Pierre sur les oreilles de ses ennemis, sans acceptation totale du calice que Je vous offre, dans lequel on doit voir Ma volonté, comme Moi Je vis celle de Mon Père quand Je dis à ce bien-aimé Pierre : Ne veux-tu pas que je boive le calice que Me donne Mon Père ?

Méditez toujours Ma Passion, mais pénétrez dans l'intime de Mon Esprit et obtenez les impressions qui sont salutaires et qui vous incitent à M'imiter. Naturellement, Je suis Celui qui met en œuvre en vous ces choses, mais vous devez tenir votre engagement et Moi ensuite je ferai ce que Je dis. Ah ! Si l'homme comprenait ce trait de Ma Passion. Comme il serait plus facile de céder et de revivre Ma Vie. Décidez-vous, mes petits enfants, tout est question d'amour, non d'autre chose ; de l'amour et de Mon œuvre que Je veux amener à son accomplissement en vous ; et de M'aimer toujours plus. Cessez de raisonner de façon humaine, ouvrez votre esprit à Mon monde, celui que J'ai avec vous. Ceci est important ! Vous êtes à Moi pour trois raisons : parce que je vous ai créés de rien, parce que je vous ai rachetés et parce que vous recevrez une partie de Ma Couronne de Gloire. Pour cela vous devez penser que Je prends soin de vous, pour ces trois motifs, et Je ne pourrai jamais Me désintéresser de quelqu'un que J'ai créé, que J'ai racheté et de qui doit venir Ma Gloire.

Tu es poussé vers ce chemin et tu devras le parcourir tout entier et, comme ce fut le cas pour Moi, il ne servira pas seulement pour toi, mais aussi pour beaucoup de tes frères qui doivent recevoir de Moi, par ton intermédiaire, Grâce et Vie. Avance, parce que Moi Je me complais en toi; apprends, parce que l'amour veut te posséder en entier. Je te donne Ma bénédiction, pleine de promesses. Je vous les donne avec le pouvoir que Je Me complaise comme un homme ; pouvoir qui est vôtre ; Je Me réjouis de ce que Je récompenserai avec le prix qui récompensera Mon amour infini pour vous. Mon heure était arrivée ; l'heure à laquelle le sacrifice devait être consommé, et Je Me rendis aux soldats avec la docilité d'un agneau.

JESUS EST AMENE DEVANT CAIPHE

Ils M'amenèrent devant Caïphe, où Je fus reçu avec des moqueries et des insultes. Un des soldats Me gifla. C'était la première gifle que Je recevais et en elle je vis le premier péché mortel de beaucoup d'âmes qui, après avoir vécu en état de grâces, commettraient ce premier péché… Combien d'autres après ce premier péché, servirent d'exemple pour que d'autres âmes aussi les commettent. Mes Apôtres M'abandonnèrent et Pierre resta caché derrière un groupe, au milieu des domestiques, épiant, mû par la curiosité.

Auprès de Moi, il n'y avait que des hommes essayant d'accumuler des délits contre Moi ; des fautes qui pourraient allumer la colère des juges si iniques. Là, Je vis les visages de tous les démons, de tous les mauvais anges. Ils M'accusèrent de perturber l'ordre, d'être un instigateur, un faux-prophète, de blasphémer, de profaner le jour du sabbat et les soldats, exaltés par les calomnies, proféraient des cris et des menaces.

Alors, Mon silence implora, ébranlant Mon Corps tout entier : Où êtes-vous, Apôtres et disciples, qui avez été les témoins de Ma Vie, de Ma Doctrine, de Mes Miracles ? De tous ceux dont J'attendais une preuve d'amour, il ne reste personne pour Me défendre. Je suis seul et entouré de soldats qui veulent Me dévorer comme des loups.

Regardez comme ils Me maltraitent : l'un me gifle ; un autre M'arrose de son immonde salive ; un autre Me tord le visage pour se moquer; un autre encore Me tire la barbe, l'autre tord Mes bras avec ses doigts ; un autre Me donne des coups de genoux dans les parties génitales et, quand Je tombe, à deux ils Me relèvent en me tirant par les cheveux.

PIERRE RENIE JÉSUS

Alors que Mon Cœur s'offre pour souffrir tous ces supplices, Pierre que J'avais institué « Chef et Tête de l'Église » et qui quelques heures auparavant avait promis de Me suivre jusqu'à la mort, à une simple question qu'ils lui posent, et qui aurait pu lui servir pour témoigner en Ma faveur, Me renie et comme la peur s'empare encore plus de lui, avant la réitération de la question qui vient de lui être posée, jure que jamais il ne M'a connu ni n'a été Mon disciple.

Interrogé pour la troisième fois, il répond par d'horribles imprécations. Mes enfants, quand le monde crie contre Moi et, me tournant vers Mes âmes choisies, Je Me vois abandonné et renié, savez-vous combien est grande la tristesse et l'amertume de Mon Cœur ? Je vous dirai comme à Pierre : Âme que J'aime tant, ne te rappelles-tu pas les preuves d'amour que Je t'ai données ? Oublies-tu que de nombreuses fois tu as promis de M'être fidèle et de Me défendre ? Tu n'as pas confiance en toi parce que tu es perdu ; mais si tu as recours à Moi avec humilité et si tu affirmes ta confiance, ne crains rien ; tu es bien soutenu.

Âmes qui vivez entourées de tant de dangers, ne vous mettez pas en occasion de pécher par vaine curiosité ; regardez, vous tomberiez comme Pierre.

Et vous, âmes qui travaillez dans Ma vigne, si vous vous sentez attirées par la curiosité ou par quelque satisfaction humaine : Je vous dirai de fuir ; mais si vous travaillez par obéissance et poussées par le zèle des âmes et de Ma Gloire, ne craignez pas : Je vous défendrai et vous sortirez victorieuses. Ma bien-aimée, Je vais t'éduquer petit à petit et avec beaucoup de patience. Je me console avec la pensée d'avoir une élève désireuse de pouvoir apprendre. J'oublie alors tes négligences et tes erreurs. Si Je cherche dans la création les noms les plus beaux pour t'appeler, n'aie pas peur, pourquoi les supprimerais-tu ? L'amour n'a pas de limites.

JÉSUS EST AMENÉ EN PRISON

Nous allons continuer avec ce douloureux récit que tu devras faire connaître à toutes les personnes que tu pourras. Moi je les éclairerai sur la façon dont ils devront le faire.

Quand les soldats M'amenèrent prisonnier, dans une des cours se trouvait Pierre, à moitié caché au milieu de la foule. Nos regards se croisèrent ; il avait les yeux hors de ses orbites ; cela dura une fraction de seconde et cependant, je lui en dis tellement !... Je le vis pleurer amèrement son péché et avec le cœur Je lui dis : « l'ennemi a essayé de te posséder, mais Moi Je ne t'abandonne pas. Sache que ton cœur ne M'a pas renié. Tiens-toi prêt pour le combat du jour nouveau, pour les luttes renouvelées contre l'obscurantisme spirituel et prépare-toi à porter la Bonne Nouvelle. Adieu, Pierre. » Combien de fois Je regarde vers l'âme qui a péché, mais, regarde-t-elle aussi vers Moi ? Nos regards ne se croisent pas toujours. Combien de fois Je regarde l'âme et elle ne Me regarde pas, ne Me voit pas, elle est aveugle… Je l'appelle par son nom et elle ne me répond pas. Je lui envoie un chagrin, une douleur pour qu'elle sorte de son rêve, mais elle ne veut pas se réveiller.

Mes aimés, si vous ne regardez pas le Ciel, vous vivrez comme des êtres privés de raison… Levez la tête et contemplez la Patrie qui vous attend. Cherchez votre Dieu et vous Le rencontrerez toujours avec les yeux fixés sur vous ; et dans Son regard vous trouverez la paix et la vie. Contemplez-Moi dans la prison où je passai une grande partie de la nuit. Les soldats venaient m'insulter en paroles et en actes, Me bousculant, Me donnant des coups, se moquant de ma condition d'homme.

A l'aube, en ayant assez de Moi, ils Me laissèrent seul, attaché dans une pièce obscure, humide et répugnante, pleine de rats. J'étais attaché de telle manière que Je devais rester debout ou assis sur une pierre pointue qui fut tout ce qu'ils Me donnèrent comme siège. Mon corps endolori fut très vite transi de froid. Je Me rappelai les milliers de fois que Ma Mère couvrait Mon corps, l'enveloppant quand J'avais froid … et Je pleurai. Nous allons maintenant comparer la prison avec le Tabernacle et surtout, avec les cœurs des hommes. Dans la prison, je passai une nuit… Combien de nuits Je passe dans le Tabernacle ? Dans la prison, les soldats qui étaient mes ennemis M'outragèrent ; mais dans le Tabernacle des âmes qui M'appellent Père Me maltraitent et M'insultent. Dans la prison, Je subis froid, sommeil, faim, honte, tristesse, douleurs, solitude, désarroi. Je voyais, dans le déroulement des siècles, comment dans tant de Tabernacles Me manquerait l'abri de l'amour. Combien de cœurs gelés seraient pour Moi comme la pierre de la prison ! Combien de fois J'aurais soif d'amour, soif des âmes !

Combien de jours j'attends que telle âme vienne Me visiter, recevoir Mon cœur, parce que J'ai passé la nuit seul et que j'ai pensé à elle pour étancher Ma soif ! Que de fois je sens la faim de Mes âmes, de leur fidélité, de leur générosité ! Sauront-elles calmer mes angoisses ? Sauront-elles Me dire quand elles devront passer par quelque souffrance : cela servira pour alléger Ta tristesse, pour T'accompagner dans Ta solitude ? Ah ! Si pour le moins, unis à Moi, vous supportiez cela avec paix et vous sortiez fortifiés si bien que vous consoleriez Mon cœur. En prison, J'ai ressenti de la honte en entendant les mots horribles qui étaient proférés contre Moi ; et cette honte augmenta en voyant que, plus tard, ces mêmes mots seraient répétés par des âmes aimées.

Quand ces mains sales et répugnantes déchargeaient sur Moi coups et soufflets, je vis toutes les fois où je serais frappé et souffleté par tant d'âmes qui, sans se purifier de leurs péchés, sans nettoyer leur maison par une bonne confession, Me recevraient dans leur cœur. Ces péchés habituels déchargeraient sur Moi des coups répétés. Quand ils Me firent Me lever brutalement, sans force et à cause des chaînes qui me retenaient, je tombai par terre. Je vis comment tant d'âmes, M'attachant avec les chaînes de leur ingratitude, Me laisseraient tomber sur la pierre, renouvelant Ma honte et prolongeant Ma solitude.

Âmes choisies, contemplez votre Époux dans la prison. Contemplez-Moi dans cette nuit de tant de douleurs et considérez que cette douleur se prolonge dans la solitude de tant de Tabernacles, dans la froideur de tant de cœurs.

Si vous voulez Me donner une preuve de votre amour, ouvrez-Moi votre cœur pour pouvoir faire de lui Ma prison. Attachez-Moi avec les chaînes de votre amour. Couvrez-Moi de vos attentions, nourrissez-Moi avec votre générosité.

Étanchez Ma soif avec votre zèle. Consolez Ma tristesse et Mon désarroi avec votre fidèle compagnie. Faites disparaître Ma honte avec votre pureté et votre droiture d'intention.

Si vous voulez que je me repose en vous, évitez le tumulte des passions et, dans le silence de votre âme, Je dormirai tranquille. De temps en temps vous entendrez Ma voix qui vous dira doucement : Mon Épouse, qui est maintenant Mon repos, Je serai à toi dans l'éternité ; à toi qui avec tant de dévouement et d'amour Me donnes la prison de ton cœur, Je te promets que Ma récompense n'aura pas de limites et que tu ne regretteras pas les sacrifices que tu auras fait pour Moi durant ta vie.

JÉSUS EST AMENÉ DEVANT HÉRODE

Pilate demanda qu'on M'amène en présence d'Hérode… C'était un pauvre homme corrompu qui recherchait seulement le plaisir, se laissant entraîner par ses passions désordonnées. Il se réjouit de Me voir comparaître devant son tribunal, car il espérait pouvoir s'amuser de Mes paroles et de Mes miracles. Rendez-vous compte,

Mes enfants, de la répulsion que Je ressentis en présence du plus répugnant des hommes, dont les paroles, les questions, les gestes et les mouvements affectés, Me couvraient de confusion. Ames pures et virginales, venez entourer et défendre votre Époux.

Hérode attend que Je réponde à ses questions sarcastiques, mais je ne décolle pas Mes lèvres ; Je garde en sa présence le silence le plus absolu. Ne pas lui répondre était la meilleure preuve que Je pouvais lui donner de Ma dignité. Ses paroles obscènes ne méritaient pas de se croiser avec les Miennes, très pures.

Pendant ce temps, Mon Cœur était très uni à Mon Père céleste. Je Me consumais de désir de donner pour les âmes jusqu'à la dernière goutte de Mon Sang. La pensée de tous les hommes qui ensuite devraient Me suivre, conquis par Mes exemples et Ma générosité, M'enflammait d'amour et non seulement j'étais dans la joie dans ce terrible interrogatoire, mais encore, je désirais courir au supplice de la Croix.

JÉSUS EST AMENÉ DE NOUVEAU DEVANT PILATE

Je permis qu'ils Me traitent comme un fou et Me couvrent avec un vêtement rouge en signe de moquerie et de dérision, ensuite, au milieu de cris furieux, ils M'amenèrent de nouveau en présence de Pilate. Regarde comme cet homme étourdi et plein de confusion, ne sait que faire de Moi ; et pour apaiser la fureur de la foule, il commande qu'on Me fasse fouetter… Représentées dans Pilate, Je vis les âmes qui manquent de valeur et de générosité pour rompre énergiquement avec les exigences du monde et de la nature. Au lieu de couper à la racine ce que leur conscience leur dit de ne pas être du monde et de la nature, ce que leur conscience leur dit ne pas être du bon esprit, cèdent à un caprice, s'amusent dans une satisfaction légère, capitulent en partie avec ce que leur passion exige et, pour faire taire les remords, se disent en elles-mêmes : « maintenant je me suis privé de cela ou de cette autre chose, et c'est suffisant. Moi Je dirai seulement à cette âme : Tu Me laisses flageller comme Pilate ! Tu as fait un pas, demain tu en feras un autre. Penses-tu satisfaire de cette manière ta passion ? Non ! Bientôt, elle exigera de toi toujours plus. Comme tu n'as pas eu le courage de lutter contre ta propre nature dans cette petite chose, tu en auras encore beaucoup moins, quand l'occasion sera plus importante.

LA FLAGELLATION DE JÉSUS

Regardez-Moi, Mes aimés, Me laissant conduire, avec la douceur d'un agneau, au supplice terrible de la flagellation. Sur Mon corps, déjà couvert de coups et épuisé de fatigue, les bourreaux M'infligent cruellement, avec des cordes tressées, avec des verges, de terribles coups. La violence avec laquelle ils Me frappent est si grande qu'il ne reste sur Moi pas un seul endroit qui ne soit la proie de la plus terrible douleur… Les coups et les coups de pied M'occasionnèrent d'innombrables blessures… Les verges arrachaient des lambeaux de Ma peau et de Ma chair. Le Sang coulait de tous Mes membres… Je tombais de temps en temps à cause de la douleur que m'occasionnaient les coups sur Ma virilité. Mon corps était dans un tel état, que je ressemblais plus à un monstre qu'à un homme. Les traits de Ma figure avaient perdu leur forme, ce n'était plus qu'un seul œdème.

Je pensais à toutes les âmes, auxquelles plus tard J'allais inspirer le désir de suivre Mes traces, et cela Me consumait d'amour. Durant les heures de prison, Je les voyais, fidèles imitatrices, apprenant de Ma douceur, de Ma patience et de Ma sérénité. Non seulement pour accepter les souffrances et les affronts, mais encore aimant ceux qui les persécutent et, s'il est nécessaire, se sacrifiant pour eux comme Moi Je me suis sacrifié.

Je Me consumais ainsi chaque fois davantage en désirs d'accomplir parfaitement la Volonté de Mon Père, dans ces heures de solitude, au milieu de tant de douleurs. Comme je M'offris à réparer Sa Gloire outragée ! Ainsi vous, âmes religieuses, qui vous trouvez dans la prison choisie par amour, qui plus d'une fois passez aux yeux des hommes pour inutiles et peut-être pour préjudiciables, ne craignez pas. Laissez-les crier contre vous et, dans ces heures de solitude et de douleur, unissez intimement votre cœur à votre Dieu, unique objet de votre amour. Réparez sa Gloire, outragée par tant de péchés.

JÉSUS EST CONDAMNÉ À MORT

Au lever du jour, Caïphe ordonna qu'on me conduise à Pilate pour qu'il prononce la sentence de mort. Celui-ci M'interrogea, désireux de trouver un motif pour Me condamner mais, en même temps, sa conscience le tourmentait et il ressentait une grande peur devant l'injustice qu'il allait commettre. A la fin, il trouva un moyen pour se désintéresser de moi et commanda qu'on m'envoie chez Hérode.

Dans Pilate sont fidèlement représentées les âmes qui, ressentant en même temps le mouvement de la grâce et de leurs passions, dominées par le respect humain et aveuglées par l'amour-propre, par la crainte de paraître ridicules, laissent passer la grâce.

A toutes les questions de Pilate, Je ne répondis rien. Mais quand il Me dit : « Es-tu le Roi des Juifs ? Alors avec gravité et fermeté, Je répondis : « Tu l'as dit Je suis le Roi des Juifs ; mais Mon règne n'est pas de ce monde »... Avec ces paroles je voulus enseigner à beaucoup d'âmes, que quand se présente l'occasion de supporter la douleur, ou une humiliation qu'elles pourraient facilement éviter, elles doivent répondre avec générosité : Mon règne n'est pas de ce monde, c'est-à-dire que je ne cherche pas les louanges des hommes ; Ma Patrie n'est pas celle-là, plus tard Je reposerai dans celle qui l'est véritablement. Maintenant, courage pour accomplir mon devoir sans tenir compte de l'opinion du monde. Ce qui m'importe n'est pas son estime, mais suivre la voix de la grâce, éteignant les appels de la nature. Si Je ne suis pas capable de vaincre seul, Je demanderai force et conseil car, dans beaucoup d'occasions, les passions et un amour-propre excessif aveuglent l'âme et la poussent à faire le mal.

Ce ne sont pas 10 ni 20 bourreaux qui détruisent Mon corps ; elles sont très nombreuses les personnes qui offensent Mon Corps, recevant la communion dans la main, le travail sacrilège de Satan. Comment pouvez-vous me contempler dans cette mer de douleur et d'amertume, sans que votre cœur soit poussé à la compassion ? Mais ce ne sont pas les bourreaux qui doivent Me consoler, mais vous, âmes choisies, pour que vous soulagiez Ma douleur. Regardez Mes blessures et voyez s'il y a quelqu'un qui a souffert autant que Moi, pour vous montrer son amour.

JÉSUS EST COURONNÉ D'EPINES

Dans le Volonté de Mon Père J'ai vécu des jours d'intense tristesse, sans Me plaindre, mais dans l'acceptation de ce que le Père voulait Me faire supporter. Quand je fus appréhendé dans le Jardin, ceux qui M'accusaient étaient prêts à tous les mensonges et je Me laissai amener où ils voulaient, sans résister le moins du monde. Et quand ils voulurent Me ceindre la tête avec la couronne d'épines, j'inclinai sans plus la tête, parce que Je recevais tout de Celui qui M'envoya dans le monde.

Quand les bras de ces hommes cruels furent fatigués, à force de donner des coups sur Mon Corps, ils placèrent sur Ma tête une couronne tissée avec des branches d'épines et défilant devant Moi, ils Me disaient : Alors tu es Roi ?... Nous Te saluons ! Certains me crachaient dessus, d'autres M'insultaient, d'autres donnaient de nouveau coups contre Ma tête ; chacun rajoutant une nouvelle douleur à Mon Corps, maltraité et défait. Je suis fatigué, Je n'ai rien où Me reposer ; prête-Moi ton cœur et tes bras, pour Me protéger dans ton amour. J'ai froid et de la fièvre ; embrasse-Moi un instant, avant qu'ils n'achèvent de détruire ce temple de l'amour.

Les soldats et les bourreaux, avec leurs mains sales, empoignent Mon Corps ; d'autres avec dégoût de Mon Sang, Me poussent avec leurs lances et ouvrent de nouveau Ma chair ; ils M'assoient d'un coup sur un tas de pierres effilées, Je pleure en silence à cause de la douleur et eux, de façon grotesque, se moquent de Mes larmes. Finalement, ils déchirent Mes tempes en M'enfonçant la couronne de branches tressées d'épines.

Considérez comment, avec cette couronne d'épines, Je voulus expier les péchés d'orgueil de tant d'âmes qui se laissent subjuguer par la fausse opinion du monde, désirant être estimées avec excès. Je permis surtout qu'ils Me couronnent d'épines et qu'ainsi Ma tête souffrit cruellement, afin de réparer par une humilité volontaire, les répugnantes et orgueilleuses prétentions de tant d'âmes qui refusent de suivre le chemin tracé par Ma Providence, pour le juger indigne de leur mérite et de leur condition. Aucun chemin n'est humiliant quand il est tracé par la Volonté de Dieu… En vain on essaiera de vous tromper vous-mêmes qui pensez suivre la volonté de Dieu et être dans la pleine soumission à ce qu'Il vous demande.

Il y a dans le monde des personnes qui, quand arrive le moment de la décision (entreprendre un nouveau genre de vie – se marier) réfléchissent et examinent les désirs de leur cœur. Peut-être trouvent-elles, dans celui-ci ou dans celle-là à qui elles pensent s'unir, les fondements solides pour une vie chrétienne et pieuse ; peut-être verront-elles qu'elles remplissent leurs devoirs de famille qui réunit, enfin, le nécessaire pour satisfaire leurs désirs de bonheur ; mais la vanité et l'orgueil viennent obscurcir leur esprit et elles se laissent entraîner par le désir de figurer, de briller. Alors, elles s'ingénient à chercher quelqu'un qui, étant moins noble, plus riche, satisfasse leur ambition. Ah ! Combien s'aveuglent sottement. Non, Je leur dis qu'elles ne trouveront pas le véritable bonheur dans ce monde, et j'espère elles le trouveront dans l'autre. Voyez comme elles se mettent en grand danger…

Je parlerai aussi aux âmes que le chemin de la perfection appelle. Que d'illusions portent celles qui Me disent qu'elles sont disposées à faire Ma Volonté et qui clouent dans Ma tête les épines de Ma couronne. Il y a, respectivement, des âmes que je veux pour Moi. Les connaissant et les aimant Je désire les placer où je vis, dans Ma sagesse infinie, où elles trouveront tout ce qui est nécessaire pour arriver à la sainteté : ce sera là où

Je Me ferai connaître à elles et où elles me donneront plus de consolation, plus d'amour et plus d'âmes. Mais que de déceptions ! Combien d'âmes s'aveuglent par l'orgueil et la superbe ou pour une ambition mesquine. La tête pleine de vaines et inutiles pensées, elles refusent de suivre le chemin que leur trace Mon amour.

Les âmes que J'avais choisies, croient-elles accomplir Ma Volonté en résistant à la voix de la grâce qui les appelle et leur montre le chemin, que leur orgueil repousse ? Ma fille, amour de Mes douleurs, console-Moi ; fais dans ton tout petit cœur un trône pour ton Roi et Sauveur, et couvre-Moi de baisers. Couronné d'épines et couvert d'un manteau de pourpre, les soldats Me présentèrent de nouveau à Pilate. Ne trouvant en Moi aucun délit pour Me punir, Pilate Me questionna plusieurs fois, Me demandant pourquoi Je ne lui répondais pas, sachant qu'il avait tout pouvoir sur Moi.

Alors, rompant Mon silence, je lui dis : « Tu n'aurais pas ce pouvoir s'il ne t'avait été donné d'en haut ; mais il est nécessaire que s'accomplissent les Écritures ». Et M'abandonnant à Mon Père Céleste, Je Me tus de nouveau…

BARRABAS EST REMIS EN LIBERTÉ

Pilate, perturbé par l'avertissement de sa femme, pris entre les remords de sa conscience et la peur que le peuple se soulève contre lui, cherchait les moyens pour Me libérer et M'exposa à la vue de la populace, dans l'état lamentable où Je Me trouvais, leur proposant de Me donner la liberté et de condamner à Ma place Barrabas, qui était un voleur et un criminel bien renommé. D'une seule voix le peuple répondit : Qu'Il meure et que Barrabas soit remis en liberté ! Ames qui M'aimez, voyez comme ils M'ont comparé à un criminel. Voyez comme ils M'ont rabaissé plus que le plus pervers des hommes. Entendez les cris furieux qu'ils lancent contre Moi. Voyez avec quelle rage ils demandent Ma mort. Refusai-je, par hasard, de passer par un affront aussi pénible ? Non, au contraire, Je la serrai dans Mes bras par amour pour les âmes et pour leur montrer que cet amour ne Me porta pas seulement à la mort, mais à la mort la plus ignominieuse... Ne croyez pas cependant que Ma nature humaine ne ressentit ni répugnance ni douleur. Au contraire, Je voulus ressentir toutes vos répugnances et être sujet à votre condition même, en vous donnant l'exemple qui vous fortifiera dans toutes les circonstances de la vie et vous enseignera à vaincre les répugnances qui se présentent, quand il s'agit d'accomplir la Volonté Divine.

Je reviens aux âmes dont je parlais hier… Aux âmes appelées à l'état de perfection, qui discutent avec la grâce et reculent devant l'humilité du chemin que Je leur montre, par crainte des jugements du monde ou faisant valoir leur capacité ; qu'elles se persuadent qu'ailleurs elles seront plus utiles pour Mon service et pour Ma Gloire.

Je vais répondre à ces âmes. Dis-Moi : ai-je refusé ou ai-je hésité même, quand Je Me suis vu naître de parents pauvres et humbles, dans une étable, loin de Ma maison et de Ma Patrie, dans la plus dure saison de l'année… et de nuit ? Ensuite, Je vécus trente ans dans les travaux obscurs et rudes d'un atelier ; je supportai humiliations et mépris de la part de ceux qui commandaient des travaux à Mon Père Joseph ; je ne dédaignai pas d'aider Ma Mère aux travaux les plus vils de la maison et, cependant n'avais-Je pas plus de talent que celui qui est nécessaire pour exercer le métier rustre de charpentier ? Moi, qui à l'âge de 12 ans, instruisis les Docteurs dans le Temple… Mais c'était la Volonté de Mon Père Céleste et ainsi Je Le glorifiais. Quand je quittai Nazareth et commençai Ma vie publique, j'aurais pu me faire connaître comme le Messie et le Fils de Dieu pour que les hommes écoutent Mes enseignements avec vénération, mais Je ne le fis pas parce que Mon unique désir était d'accomplir la Volonté de Mon Père… Et quand arriva l'heure de Ma Passion, à travers la cruauté de certains et les affronts des autres, de l'abandon des Miens et de l'ingratitude des foules, à travers l'indicible martyre de Mon Corps et des répugnances de Mon âme, voyez avec quel très grand amour encore Je découvrais et acceptais la Volonté de Mon Père Céleste.

Ainsi, quand se trouvant face aux difficultés et aux répugnances l'âme se soumet généreusement à la Volonté de Dieu, il arrive un moment où, unie intimement à Lui, elle jouit des plus ineffables douceurs. C'est cela que J'ai dit aux âmes qui ressentent répugnance à la vie humble et obscure, je le répète à celles qui au contraire, sont appelées à travailler sans cesse au contact du monde, quand leur attrait serait la solitude complète et les travaux humbles et obscurs.

Ames choisies, votre bonheur et votre perfection ne consiste pas à suivre les goûts et les inclinations de la nature, à être connues ou méconnues des hommes, à employer ou cacher le talent que vous avez, mais à vous unir et vous conformer, par amour et avec une entière soumission, à la Volonté de Dieu, à ce que pour Sa gloire et votre propre sanctification, Il vous demande.

Cela suffit pour aujourd'hui, Ma petite fille, aime et serre dans tes bras Ma Volonté joyeusement; tu sais déjà qu'elle est en tout point tracée pour l'amour. Médite un moment l'indicible martyre de Mon Cœur, en me voyant mésestimé par rapport à Barrabas. Comme je me rappelais alors les tendresses de Ma Mère, quand elle Me serrait contre Son Cœur ! Je n'oubliais pas les soucis et les fatigues que, pour Me montrer Son amour, souffrit Mon Père adoptif. Les bienfaits que Je répandais si généreusement sur ce peuple ingrat, rendant la vue aux aveugles, redonnant la santé aux malades, l'usage de leurs membres à ceux qui l'avaient perdu, donnant à manger à la foule et ressuscitant les morts, se présentaient à Ma mémoire. Maintenant Je suis réduit à un état si méprisable ! Je suis le plus haï des hommes et on Me condamne à mort, comme un voleur infâme.

JÉSUS PARDONNE JUSQU'AU PLUS GRAND PÉCHEUR

Pilate a prononcé la sentence. Mes petits enfants, regardez attentivement combien souffrit Mon Cœur… Dès qu'on M'arrêta au Jardin des Oliviers, Judas marcha errant et fugitif sans pouvoir faire taire les cris de sa conscience, qui l'accusait du plus terrible sacrilège. Quand arriva à ses oreilles la sentence de mort prononcée contre Moi, il s'abandonna au désespoir le plus terrible et se pendit. Qui pourra comprendre la douleur intense de Mon Cœur quand je vis se jeter dans la perdition éternelle cette âme qui avait passé trois ans à l'école de Mon amour, apprenant Ma doctrine, recevant mes enseignements, entendant si souvent comment Mes lèvres pardonnaient aux plus grands pécheurs ? Judas ! Pourquoi ne viens-tu pas te jeter à Mes pieds pour que Je te pardonne ? Si tu n'oses pas t'approcher de Moi par crainte de ceux qui m'encerclent, Me maltraitant avec tant de fureur, regarde-Moi au moins ; tu verras avec quelle rapidité Mes yeux se fixent en toi.

Ames qui êtes prises dans les filets des plus grands péchés… Si, pour plus ou moins de temps, vous avez vécu errantes et fugitives à cause de vos délits, si les péchés dont vous êtes coupables vous ont aveuglées et ont endurci votre cœur, si pour suivre quelque passion vous êtes tombées dans les pires désordres, ne vous laissez pas emparer par le désespoir quand les complices de votre péché vous abandonnent et quand votre âme se rend compte de sa faute… Cependant, si l'homme dispose d'un instant de vie, il a encore le temps de recourir à la Miséricorde et d'implorer le pardon.

Si vous êtes jeunes et que les scandales de votre vie passée vous ont laissé dans un état de dégradation devant les hommes, ne craignez pas !. Bien que le monde vous méprise, vous traite de scélérats, vous insulte, vous abandonne, soyez sûrs que votre Dieu ne veut pas que votre âme soit la proie des flammes de l'enfer. Il désire que vous osiez Lui parler, Lui envoyer des regards et des soupirs du cœur, et rapidement vous verrez que Sa main douce et paternelle vous conduira à la fontaine du pardon et de la vie. Si par malice tu as peut-être passé une grande partie de ta vie dans le désordre et l'indifférence, et, déjà près de l'éternité, le désespoir veut te mettre un bandeau devant les yeux, ne te laisse pas tromper, le temps du pardon est encore là. Écoutez bien : s'il vous reste une seconde de vie, profitez-en, parce qu'avec cette seconde vous pouvez gagner la vie éternelle.

Si vous avez traversé votre existence dans l'ignorance et l'erreur, si vous avez été cause de grands préjudices pour les hommes, pour la société et même pour la Religion, et que par une circonstance quelconque vous connaissiez votre erreur, ne vous laissez pas abattre par le poids des fautes ni par le dommage dont elles ont été l'instrument mais, au contraire, laissez votre âme se remplir du regret le plus vif, s'abîmant dans la confiance et recourrez à Celui qui est toujours en train de vous attendre pour vous pardonner.

Il arrive la même chose si on parle d'une âme qui a passé les premières années de sa vie dans l'observance fidèle de Mes commandements, mais qui a perdu peu à peu la ferveur, passant à une vie tiède et confortable… Ne cache rien de ce que Je te dis, car tout est pour le bienfait de l'humanité entière. Répète-le à la lumière du soleil, prêche-le à celui qui veut véritablement l'écouter.

L'âme qui reçoit un jour une forte secousse qui la réveille, voit de suite sa vie inutile, vide, sans mérite pour l'éternité. Le malin, avec une jalousie infernale, l'attaque de mille façons, exagérant ses fautes ; il lui inspire tristesse et découragement, finissant par l'amener à la crainte, au désespoir.

Âme qui M'appartiens, ne fais pas cas de ce cruel ennemi et, quand tu sens le mouvement de la grâce au début de la lutte, accours à Mon Cœur ; assieds-toi, contemple une goutte de Mon Sang qui coule sur ton âme et viens à Moi. Déjà tu sais où Je suis : sous le voile de la foi... Relève-le et dis-Moi avec entière confiance tes peines, tes misères, tes chutes... Ecoute avec respect Mes paroles et ne crains pas pour le passé. Mon Cœur t'a plongé dans l'abîme de Ma Miséricorde et de Mon Amour. Ta vie passée te donnera l'humilité qui te comblera. Et si tu veux me donner la meilleure preuve d'amour, aie confiance et compte sur Mon pardon. Crois que jamais tes péchés n'arriveront à être plus grands que Ma Miséricorde, car elle est infinie.

3° PARTIE :

LE CHEMIN DU CALVAIRE

JÉSUS MONTE AU CALVAIRE

Nous allons continuer, ma petite fille. Suis-Moi, épuisé sous le poids de la Croix, sur le chemin du Calvaire…

Alors que Mon Cœur était abîmé de tristesse à cause de la perdition éternelle de Judas, les bourreaux cruels, insensibles à Ma douleur, chargèrent sur Mes épaules lacérées la rude et pesante Croix sur laquelle devait se consumer le mystère de la Rédemption du monde. Regardez-Moi, anges du ciel. Voyez le Créateur de toutes les merveilles, le Dieu Auquel rendent adoration les esprits célestes, marchant vers le Calvaire et portant sur Ses épaules le bois saint et béni qui va recevoir Son dernier soupir.

Regardez-Moi aussi, âmes qui désirez être Mes fidèles imitatrices, Mon Corps, détruit par tant de tourments avance, sans force, couvert de sueur et de sang… Je souffre sans que personne ne compatisse à Ma douleur ! La foule M'accompagne et il n'y a pas une seule personne qui ait pitié de Moi. Tous M'entourent comme des loups affamés, prêts à dévorer leur proie… C'est que tous les démons sortirent de l'enfer pour rendre plus dure Ma souffrance.

La fatigue que je ressens est si grande, la Croix si lourde, qu'à mi-chemin Je tombe.

Evanoui. Voyez comme ils Me lèvent ces hommes inhumains de la manière la plus brutale : un Me serre un bras, l'autre tire Mes vêtements, qui sont collés à Mes blessures, les ouvrant de nouveau… L'autre Me prend par le cou, un autre par les cheveux, d'autres assènent des coups terribles sur tout Mon Corps, avec les poings et même les pieds. La Croix tombe sur Moi et son poids M'occasionne de nouvelles blessures. Mon visage frôle les pierres du chemin, et avec le sang qui coule sur lui, la poussière et la boue se collent à Mes yeux, qui sont pratiquement fermés par les coups – se mêlent au sang et Je deviens l'objet le plus répugnant.

Mon Père envoie des anges pour qu'ils Me soutiennent ; pour que Mon Corps ne perde pas connaissance en s'effondrant ; pour que la bataille ne soit pas gagnée avant le moment prévu, et que Je ne perde pas toutes Mes âmes.

Je marche sur les pierres qui détruisent Mes pieds, Je trébuche et Je tombe encore une fois. Je regarde de chaque côté du chemin à la recherche d'un petit regard d'amour, d'une entrevue, d'une union à Ma douleur mais… Je ne vois personne.

Que mes enfants qui suivent Mes traces ne surestiment pas le poids de leur. Qu'ils le fassent pour Moi, car en chargeant leur croix, ils M'aideront à charger la Mienne et sur ce dur chemin, ils rencontreront Ma Mère et les saintes âmes qui leur donneront du courage et du réconfort. Q'ils continuent avec Moi, et quelques pas plus loin, ils Me verront en présence de Ma Mère très Sainte qui, le Cœur transpercé par la douleur, vient à Ma rencontre pour deux raisons : pour acquérir une nouvelle force pour souffrir à la vue de Son Dieu et pour donner à Son Fils, de par son attitude héroïque, du courage pour continuer l'œuvre de Rédemption.

Imaginez le martyre de ces deux Cœurs. Celui qu'aime le plus Ma Mère est Son Fils... Elle ne peut me donner aucun soulagement et elle sait que sa vue augmentera encore plus Mes souffrances ; mais augmentera aussi Ma force pour accomplir la Volonté du Père. Ma Mère est ce que j'ai de plus cher au monde et non seulement Je ne puis la consoler, mais l'état lamentable dans lequel elle Me voit, procure à Son Cœur une souffrance semblable à la Mienne. Elle laisse échapper un sanglot. La mort que J'endure en Mon Corps, Ma Mère la reçoit dans Son Cœur !... Comme Ses yeux se fixent en Moi, ainsi les Miens se fixent aussi en Elle ! Nous ne prononçons pas une seule parole, mais que de choses se disent Nos Cœurs dans ce regard douloureux. Oui, Ma Mère assista à tous les tourments de Ma Passion, qui par révélation divine se présentaient à Son esprit. En plus, plusieurs disciples, bien qu'ils restent loin par peur des Juifs, essayaient de s'informer de tout et informaient Ma Mère… Quand Elle sut que la sentence de mort avait été prononcée, elle sortit à Ma rencontre et Elle ne M'abandonna pas jusqu'à ce qu'ils Me déposent dans le sépulcre.

JÉSUS EST AIDÉ POUR PORTER LA CROIX

Je vais vers le calvaire. Ces hommes iniques, craignant de Me voir mourir avant d'arriver au bout, discutent entre eux pour chercher quelqu'un qui M'aidera à porter la Croix et réquisitionnent un homme des environs appelé Simon.

Cet homme M'aide à porter une partie de la Croix mais pas toute la Croix… Il y a des âmes qui marchent ainsi derrière Moi. Elles acceptent de M'aider à porter la Croix, mais elles se préoccupent encore de trouver pour elles-mêmes soulagement et repos. Beaucoup d'autres consentent à Me suivre et ont alors embrassé la vie parfaite. Mais elles n'abandonnent pas leur propre intérêt, qui continue à être, dans beaucoup de cas, leur premier souci ; à cause de cela elles vacillent et laissent tomber Ma Croix, quand elle est trop lourde ; elles recherchent la manière de souffrir le moins possible, elles limitent leur abnégation, évitent quand elles le peuvent l'humiliation et la fatigue et s'accordant peut-être avec la difficulté de ceux qu'elles abandonneront, elles essayent de se procurer certaines commodités, certains plaisirs.

En un mot, il y a des âmes intéressées et égoïstes qui sont venues à Ma suite, plus pour elles que pour Moi. Elles ne se résignent qu'à apporter ce qui les ennuie et qu'elles ne peuvent mettre de côté... Elles ne M'aident qu'à porter une partie de la Croix ; très petite et de telle façon, qu'à peine si elles peuvent acquérir les mérites indispensables pour leur salut. Mais, dans l'éternité, elles verront comme elles sont restées loin du chemin qu'elles devaient parcourir.

Mais il y a beaucoup d'âmes, au contraîre, qui, mues par le désir de leur salut mais surtout pour l'amour que leur inspire la vue de ce que J'ai souffert pour elles, se décident à Me suivre sur le chemin du Calvaire ; elles prennent à bras le corps la vie parfaite et se mettent à Mon service, non pour M'aider à porter une partie de la Croix, mais pour la porter tout entière. Leur unique désir est de Me reposer, de Me consoler ; elles s'offrent pour tout réaliser selon Ma volonté, cherchant tout ce qui peut Me plaire ; elles ne pensent ni aux mérites, ni à la récompense qui les attend, ni au repos, ni à la souffrance qui s'ensuivra pour elles. La seule chose qu'elles ont à l'esprit c'est l'amour qu'elles peuvent Me témoigner, la consolation qu'elles Me procurent... Si Ma Croix se présente sous la forme de la maladie, si elle se cache sous un emploi contraire à leurs aspirations et peu conforme à leurs aptitudes, si elle consiste dans l'oubli des personnes qui les entourent, elles l'acceptent avec une entière soumission. Ah ! Ces âmes sont celles qui véritablement portent Ma Croix, L'adorent, s'en servent pour Ma Gloire, sans chercher autre chose que Mon Amour. Ce sont celles qui Me vénèrent et me glorifient...

Elles savent que si le monde ne voit pas les résultats de leurs souffrances, de leur abnégation, ou s'il les voit plus tard, celles-ci n'ont pas été pour autant vaines ou infructueuses ; mais au contraire, elles porteront beaucoup de fruits. L'âme qui aime véritablement, ne compte ni ses souffrances, ni son travail ; elle n'attend aucune récompense ; elle ne cherche que la gloire de

Dieu… Pour Lui, elle n'épargne ni travail ni fatigues. Elle ne s'agite ni ne s'inquiète, ne perd pas non plus la paix si elle est contrariée et humiliée ; parce que l'unique mobile de ses actions est l'amour désintéressé. Voilà le but des âmes qui n'attendent pas de récompense. La seule chose qu'elles espèrent est Ma Gloire, Ma consolation et Mon repos ; c'est pourquoi elles ont pris toute Ma Croix et tout le poids que Ma Volonté veut charger sur elles.

Mes enfants, appelez-Moi par Mon nom, car Jésus veut tout dire. Je laverai vos pieds, ces pieds qui ont foulé un sentier glissant et qui maintenant sont blessés par les pierres du chemin. Je les essuierai, je les guérirai, je les baiserai et ils resteront sains, et ils ne connaîtront plus d'autre autre sentier que celui qui conduit à Moi.

Maintenant nous sommes au Calvaire ! La foule s'agite parce que le terrible moment se rapproche… Exténué de fatigue, c'est à peine si Je puis avancer. Mes pieds saignent à cause des pierres du chemin… je suis tombé par trois fois sur le trajet. Une pour donner la force aux pécheurs de se convertir, habitués qu'ils sont au péché. L'autre pour donner du courage aux âmes qui tombent par faiblesse et aux âmes qu'aveuglent la tristesse et l'inquiétude, pour les pousser à se relever et à reprendre avec courage le chemin de la vertu. Et la troisième pour aider les âmes à sortir du péché à l'heure de la mort.

JÉSUS EST CLOUÉ SUR LA CROIX

Regarde avec quelle cruauté ces hommes endurcis M'entourent. Certains tirent la Croix et l'étendent sur le sol ; d'autres M'arrachent les vêtements collés aux blessures qui s'ouvrent de nouveau et le sang recommence à couler.

Regardez, fils chéris, comme est grande la honte et la confusion que J'endure en Me voyant ainsi, devant cette immense foule. Quelle douleur pour Mon âme ! Les bourreaux m'arrachent la tunique, dont Ma Mère M'avait revêtu avec tant de soin dans Mon enfance et la tirent au sort. Quelle sera l'affliction de Ma Mère, qui contemple cette scène ? Comme Elle aurait désiré conserver la tunique teinte et imbibée maintenant de Mon Sang ! Mais l'heure est arrivée et M'étendant sur la Croix, les bourreaux prennent mes bras et les tirent pour qu'ils arrivent aux trous, percés dans le bois… Tout Mon Corps se brise, se balance d'un côté à l'autre et les épines de la couronne pénètrent dans Ma tête encore plus profondément.

Entendez le premier coup de marteau qui cloue Ma main droite... il résonne jusqu'aux profondeurs de la terre. Entendez encore... maintenant ils clouent Ma main gauche et devant un tel spectacle, les Cieux tremblent, les Anges s'agenouillent. Je garde le plus profond silence. Ni une plainte, ni un gémissement ne s'échappent de Mes lèvres, mais Mes larmes se mêlent au sang qui couvre Mon visage.

Dès qu'ils ont cloué les mains, ils tirent cruellement les pieds ... les plaies s'ouvrent, les nerfs se déchirent dans Mes mains et Mes bras... les os se disloquent... La douleur est intense ! Mes pieds sont traversés et Mon Sang arrose la terre ! Contemplez un moment ces mains et ces pieds ensanglantés... Ce corps nu, couvert de blessures, d'urine et de sang. Sale... Cette tête transpercée par des épines aiguës, imbibée de sueur, pleine de poussière et couverte de sang... Admirez le silence, la patience et l'acceptation avec lesquels J'accepte cette souffrance. Qui est celui qui souffre ainsi, victime de telles ignominies ? C'est le Fils de Dieu ! Celui qui a fait les cieux, la terre, la mer et tout ce qui existe... Celui qui a créé l'homme, Celui qui soutient tout avec son pouvoir infini… il est là, immobile, méprisé, dépouillé et suivi par une multitude d'âmes qui abandonneront biens, fortune, famille, patrie, honneurs, bien-être, gloire, et même le nécessaire, pour Lui rendre gloire et Lui montrer l'amour dont ils sont débiteurs… Soyez attentifs, Anges du Ciel et, vous aussi, âmes qui M'aimez… Les soldats vont retourner la Croix pour riveter les clous et éviter qu'avec le poids de Mon Corps ils sortent et Me laissent tomber. Mon Corps va donner à la terre le baiser de paix. Et, tandis que les marteaux résonnent dans l'espace, en haut du Calvaire se réalise le spectacle le plus admirable… Ma Mère, qui regardait tout ce qui se passait et qui ne pouvait me réconforter, implore la Miséricorde du Père Céleste… Contemple ton Jésus, étiré sur la Croix, sans pouvoir faire le plus petit mouvement … nu, sans renommée, sans honneur, sans liberté… Ils ont tout emporté ! Il n'y a personne qui s'apitoie et compatit à sa douleur ! Il reçoit seulement tourments, outrages et moqueries ! Si tu M'aimes réellement, en quoi n'es-tu pas disposé à Me ressembler ? Pourquoi refuses-tu de M'obéir, de Me faire plaisir et de Me consoler ?

Agenouille-toi par terre et laisse-moi te dire quelques mots :

Que Ma Volonté triomphe en toi !
Que Mon amour t'anéantisse !
Que ta misère Me glorifie !

JÉSUS PRONONCE SES DERNIERS MOTS

Ma fille, tu as entendu et tu as vu Mes souffrances, accompagne-Moi jusqu'à la fin et partage Ma douleur. Déjà, Ma Croix est plantée. Voici l'heure de la Rédemption du monde ! Je suis le spectacle de moqueries pour la foule… mais aussi d'admiration et d'amour pour les âmes. Cette Croix, qui jusqu'à maintenant était instrument de supplice, où les criminels expiraient, va être, dorénavant, la lumière et la paix du monde. Dans Mes Saintes Écritures, les pécheurs trouveront le pardon et la vie. Mon Sang lavera et effacera les taches de leurs péchés ! Dans Mes Saintes Plaies, les âmes deviendront pures, en se rafraichissant et en se serrant dans Mon amour ! En elles, les âmes se réfugieront et fixeront pour toujours leur demeure.

« Père, pardonne leur parce qu'ils ne savent pas ce qu'ils font », ils n'ont pas connu celui qui est leur vie… Ils l'ont chargé de toute la fureur de leurs iniquités. Mais Moi je t'en supplie, oh Mon

Père ! Répands sur eux la force de Ta
Miséricorde.

« Aujourd'hui, tu seras avec Moi au Paradis »,
parce que ta foi en la Miséricorde de ton Sauveur
a effacé tes crimes… Elle te conduit à la vie
éternelle. « Femme, Voici Ton Fils ! » Ma Mère,
voilà Mes frères ! Garde-les, aime-les… Ils ne
sont pas seuls. Oh, vous, pour qui J'ai donné Ma
vie, vous avez maintenant une Mère à qui vous
pouvez recourir dans toutes vos nécessités. Je
vous ai tous unis avec les liens les plus étroits en
vous donnant Ma propre Mère. L'âme a déjà le
droit de dire à son Dieu : « Pourquoi M'as-Tu
abandonné ? » En effet, après avoir consommé le
mystère de la Rédemption, l'homme est redevenu
fils de Dieu, frère de Jésus Christ, héritier de la vie
éternelle… Oh Mon Père… J'ai soif de Ta
Gloire… Et voici que mon heure est arrivée…
Dorénavant, Mes Paroles se réalisant, le monde
saura que Tu es celui qui M'as envoyé et Tu seras
glorifié.

J'ai soif de Ta Gloire. J'ai soif des âmes… Et
pour étancher cette soif, J'ai versé jusqu'à la
dernière goutte de Mon Sang. C'est pourquoi, Je
puis dire : « Tout est consommé. » Maintenant le
grand mystère de l'Amour par lequel Dieu offrit
Son propre Fils, pour rendre à l'homme la vie, est

accompli… Je suis venu au monde pour faire Ta Volonté, oh Mon Père ! Elle est maintenant accomplie !

Je Vous offre Mon âme. Ainsi les âmes qui accomplissent Ma Volonté pourront dire en vérité : « Tout est consumé… «Mon Seigneur et Mon Dieu, reçois Mon âme… Je la remets entre Tes Mains aimées. Pour les âmes agonisantes, J'offris au Père Ma Mort, et elles auront la Vie. Dans le dernier cri que Je lançai de la Croix, J'embrassai toute l'humanité passée, présente et future ; le spasme aigu avec lequel Je Me détachai de la terre, fut accueilli par Mon Père avec un amour infini et tout le Ciel exulta pour Lui, parce que Mon Humanité rentrait dans la Gloire.

A l'instant même où je remis Mon Esprit, une multitude d'âmes se trouvèrent avec Moi : celles qui me désiraient depuis des siècles et des siècles, d'autres depuis quelques mois, ou quelques jours, mais tous intensément. Bien sûr, cette seule joie suffit pour toutes les peines endurées par Moi. Vous devez savoir qu'en mémoire de cette rencontre joyeuse, J'ai décidé d'assister, et de nombreuses fois ostensiblement, les mourants.

Je leur accorde le salut, pour honorer ceux qui M'accueillirent avec tant d'amour au Ciel. Priez donc pour les mourants parce que Je les aime beaucoup. Toutes les fois qu'ils feront l'offrande du dernier cri que Je lançai au Père ils seront écoutés ; parce que par lui de très nombreuses âmes Me sont accordées.

Ce fut un moment de joie, quand se présenta à Moi toute la Cour Céleste qui attendait Ma mort avec jubilation. Mais parmi toutes les âmes qui M'entouraient, l'une particulièrement était dans une très grande joie : elle scintillait de joie, d'amour… C'était Joseph qui, plus qu'aucun autre, savait quelle gloire j'avais acquise après tant de luttes. Il conduisit toutes les âmes qui espéraient en Moi. C'est à Lui que fut confiée la mission d'être Mon premier Ambassadeur dans les Limbes. Les Anges, dans chaque ordre, Me rendirent honneur de telle manière que Mon Humanité, déjà resplendissante, fut entourée d'innombrables Saints qui M'adoraient et M'exaltaient.

Mes enfants, il n'y a pas de croix glorieuses sur la terre, elles sont toutes enveloppées de mystère, dans des ténèbres, en exaspération. Dans le mystère parce qu'on ne les comprend pas ; dans les ténèbres, parce qu'elles aveuglent l'esprit, parce qu'elles frappent justement dans des lieux où on n'aimerait pas être frappé.

Ne soyez pas désolés, ne vous lancez pas de défi ; Je vous dis que non seulement je portai la Croix de bois qui Me conduisit à la Gloire mais surtout cette Croix invisible mais permanente, qui est formée par les croix de vos péchés. Et aussi de vos souffrances. Voyez l'amour qui M'unit à vous ; en lui vous avez la confirmation de Ma Sainte Volonté. Unissez-vous à Moi, en regardant comment Je me comportai au milieu de toute cette amertume.

J'ai pris comme symbole une pièce de bois, une croix. Je l'ai porté, avec un grand amour, pour le bien de tous. J'ai souffert une véritable tristesse, pour que tous vous puissiez vous réjouir en Moi. Mais aujourd'hui, combien croient en Celui qui véritablement les aima et les aime ? Contemplez-moi dans l'image du Christ qui pleure et saigne. C'est là et de cette manière que le monde Me possède.

LA RÉSURRECTION DE JÉSUS

Au Vendredi Saint succéda l'aube glorieuse du Dimanche de la Résurrection… Si je n'ai pas décidé de détruire le monde, cela veut dire que Je désire le renouveler et le rajeunir. Les vieux arbres ont besoin d'être effeuillés et émondés pour qu'ils fassent de nouvelles pousses. Et les vieilles branches, les feuilles sèches, on les brûle. Séparer les chevreaux des moutons pour que ceux-là puissent trouver à temps, et bien préparés, de riches pâturages où paître à leur goût et boire l'eau du salut des fontaines limpides… C'est Mon Sang rédempteur qui irrigue les terres arides et désertes des âmes et ce Sang coulera toujours sur la terre, tant qu'il y aura un homme à sauver.

Mon épouse aimée, Je veux ce que tu ne veux pas, mais Je peux ce que tu ne pourrais obtenir. Ta mission est de me faire aimer par les âmes, de leur apprendre à vivre avec Moi. Je ne suis pas mort sur la Croix au milieu de mille tourments pour peupler l'enfer d'âmes, mais le Paradis d'élus.

DIEU PÈRE

Je vois, tremblant, là-bas, dans la pénombre de Gethsémani, Mon Fils qui, descendu du Ciel, prit la forme et la substance de cette créature, qui crut pouvoir se rebeller contre son Créateur. L'Homme, cet homme seul et troublé, est la victime désignée et, comme telle, a dû laver de

Son propre Sang toute l'humanité, qu'Il représente. Il tremble et s'épouvante en se sentant couvert, jusqu'à se voir dominé par l'inconcevable masse de péchés qu'Il devait enlever des consciences noires de millions et de millions de créatures salies.

Mon pauvre Fils, l'Amour T'a amené à cela et Toi maintenant tu en es effrayé. Qui devra Te glorifier dans le Ciel quand, rayonnant, Tu y feras Ton entrée ? Quelle créature pourra Te donner une louange digne de Toi ? Un amour digne de Toi ? Et que sont la louange et l'amour d'un homme, de millions d'hommes, en comparaison de l'Amour avec lequel Tu as accepté la plus terrible des épreuves qui pourra jamais exister sur la terre ? Non, Mon Fils bien-aimé, personne ne pourra T'égaler en amour si ce n'est ton Père, sinon Moi, dans Mon Esprit d'Amour, Je puis Te louer et T'aimer pour Ton sacrifice de cette nuit.

Tu as atteint, Mon Fils très aimé, ce en quoi j'appuie toute Ma bienveillance, le paroxysme de la mort faisant suite à l'agonie la plus amère du Jardin. Tu es arrivé, dans la sphère de Ton Humanité véritable et entière, au sommet de la grande passion que peut avoir un cœur humain : souffrir pour les offenses qui Me sont faites ; mais souffrir pour elles, avec l'amour très pur et intense qu'il y a en Toi. Tu as si bien touché, avec frisson, la limite par laquelle l'humanité devait atteindre une Rédemption complète. Toi, Mon Fils adoré, Tu as conquis, avec la sueur de Ton Sang, non seulement les âmes de Tes frères mais, encore plus, Ta Gloire, personnelle, qui devait Te surélever, Homme, à égalité avec Moi, Dieu comme Toi.

Tu M'as entraîné à la justice la plus parfaite et à l'Amour le plus parfait. Alors ils représentaient la Lie du monde et tu fis cela par Ton acceptation volontaire et libre. Maintenant Tu es, entre tous, Mon honneur, Ma Gloire et Ma joie. Tu n'étais pas Mon offenseur, non, pas Toi. Tu as toujours été Mon Fils bien-aimé en qui J'ai mis toute Ma complaisance ; Tu n'étais pas la Lie ; parce que même alors, Moi, Je Te voyais comme Tu as toujours été : Ma Lumière, Ma Parole, c'est à dire, justement Moi-même. Mon Fils, Toi qui as tremblé et succombé pour Mon Honneur, Tu as mérité que Ton Père Te fasse connaître le monde ; ce monde aveugle qui Nous offense et qui, malgré tout, Nous est si cher ! Oh Mon Fils bien-aimé, Moi Je Te vois et Je Te verrai toujours en cette nuit de Ton amertume, et Je T'ai toujours présent. Par ton amour, Je réconcilie les hommes avec eux-mêmes. Et puis, Tu ne pouvais lever Ton visage vers Moi, tant il était couvert de leurs péchés. Maintenant, pour Te faire plaisir, Je fais en sorte qu'ils lèvent leur visage vers Nous, pour qu'en apercevant Ta Lumière, ils restent prisonniers de notre amour.

Maintenant Mon Fils, toujours aussi aimé, Je ferai ce que Je T'ai dit quand Tu étais dans l'ombre de Gethsémani et il y aura de grandes choses pour Te réjouir et T'honorer…

LA TRÈS SAINTE MÈRE, LES DOULEURS DE LA VIERGE MARIE

Beaucoup de Prophètes ont parlé de Moi. Ils virent par anticipation qu'il était nécessaire que Je souffre, pour arriver à être la digne Mère de Dieu. Ensuite les Evangélistes parlèrent de Moi, spécialement Luc, mon médecin bien-aimé, plus des âmes que des corps. Postérieurement, quelques dévotions naquirent qui eurent comme base les peines et les douleurs endurées par Moi. Et ainsi, communément on croit et on pense aux sept douleurs principales que je subis.

Mes enfants, Votre Mère a récompensé et récompensera les efforts et l'amour que vous avez eu pour Moi. Mais comme le fit Jésus, Je veux vous parler plus en détail de Mes douleurs. Ensuite vous les raconterez à d'autres frères et tous à la fin vous M'imiterez puisque Je souffris ; Je suis continuellement en train de louer Jésus et Je ne cherche rien, sinon qu'Il soit glorifié en Moi.

Regardez Mes petits enfants, comme il m'est douloureux de vous parler de ces, parce que toute mère garde ses douleurs seulement pour elle. Et cela Je l'ai fait tout au long de ma vie mortelle ; Mon désir de mère a été respecté par Dieu. Maintenant, quand je suis là, où le bonheur est éternel, et ayant caché comme toutes les mères les douleurs que Je ressentais, Je dois parler d'elles pour que, en tant que Mes enfants, vous connaissiez quelque chose de Ma vie.

Je connais les fruits que vous recevrez pour cela et combien ils plaisent à Jésus, Mon adorable Fils. Je vous parlerai d'elles (douleurs) dès que vous pourrez Me comprendre. Mon Jésus a dit : celui qui est le premier qu'il devienne le dernier et vraiment Il fit ainsi parce qu'Il est le premier dans la Maison de Dieu, mais Il s'est abaissé jusqu'au dernier degré. Je ne Lui enlèverai pas cette dernière et première place qui Lui revient à cause de son amour. Je m'efforce le mieux possible pour vous faire entendre cette vérité et Ma joie sera encore plus grande quand vous accepterez cette réalité, non sous forme de simple connaissance mais au moyen d'une conviction profonde et enracinée.

Mes petits enfants, ce n'est pas ce qui paraît au monde qui compte le plus devant Dieu. Le fait d'avoir été choisie comme Mère de Dieu implique pour Moi de grands sacrifices et renoncements et le premier fut celui-ci : Connaître par Gabriel le choix fait dans l'intimité de Dieu. J'avais voulu rester au stade de connaissance humble et d'humilité en Dieu.

Il Te plut, Oh Dieu, de M'élever jusqu'à Toi et il Me plut d'accepter, parce que Mon obéissance T'était agréable. Mais Tu sais quelle peine ce fut pour Moi et que cette même peine est maintenant devant Toi, ayant besoin de lumière pour ces fils que Tu aimes et que J'aime.

Comme cela se fit avec Moi, faites, oh Mes enfants, que se réalise en vous aussi tout ce que Dieu veut ! Mon oui porta à Dieu la réponse attendue, qui amènerait aux hommes l'accès à la Rédemption et c'est en cela que se vérifia cette parole : « Voici qu'une Vierge concevra et donnera naissance à un Fils qui sera appelé Emmanuel ». Le fait d'avoir accepté de Me faire Mère de l'Emmanuel impliquait Mon don au Fils de Dieu, de façon à ce que Sa Mère se donne à Lui-même avant que l'humanité de Jésus ne se forme en Moi. Pour cela Mon don fut le résultat de la Grâce ; mais aussi cause de la Grâce.

Bien que la première cause soit Dieu, on doit cependant affirmer que Mon acceptation agit dans le plan de la Grâce comme cause concomitante.

On M'appelle Co-rédemptrice à cause des douleurs que J'ai supportées ; mais Je le fus déjà par le don que J'avais fait de Moi-même par l'intermédiaire de Gabriel.

Oh Mon Divin Fils ! Que d'honneur as-Tu voulu donner à Ta Mère en compensation de la grande peine que Je supportai en acquérant la dignité d'être Ta Mère !

TABLE DES MATIÈRES